ⓦ 완자

공부력

KB039242

Ⓠ 왜 공부력을 키워야 할까요?

쓰기력

정확한 의사소통의 기본기이며 논리의 바탕

연필을 잡고 종이에 쓰는 것을 괴로워한다!
맞춤법을 몰라 정확한 쓰기를 못한다!
말은 잘하지만 조리 있게 쓰는 것이 어렵다!
그래서 글쓰기의 기본 규칙을 정확히 알고
써야 공부 능력이 향상됩니다.

어휘력

교과 내용 이해와 독해력의 기본 바탕

어휘를 몰라서 수학 문제를 못 푼다!
어휘를 몰라서 사회, 과학 내용 이해가 안 된다!
어휘를 몰라서 수업 내용을 따라가기 어렵다!
그래서 교과 내용 이해의 기본 바탕을
다지기 위해 어휘 학습을 해야 합니다.

독해력

모든 교과 실력 향상의 기본 바탕

글을 읽었지만 무슨 내용인지 모른다!
글을 읽고 이해하는 데 시간이 오래 걸린다!
읽어서 이해하는 공부 방식을 거부하려고 한다!
그래서 통합적 사고력의 바탕인 독해 공부로
교과 실력 향상의 기본기를 닦아야 합니다.

계산력

초등 수학의 핵심이자 기본 바탕

계산 과정의 실수가 잦다!
계산을 하긴 하는데 시간이 오래 걸린다!
계산은 하는데 계산 개념을 정확히 모른다!
그래서 계산 개념을 익히고 속도와 정확성을
높이기 위한 훈련을 통해 계산력을 키워야 합니다.

세상이 변해도
배움의 즐거움은
변함없도록

시대는 빠르게 변해도
배움의 즐거움은
변함없어야 하기에

어제의 비상은
남다른 교재부터
결이 다른 콘텐츠
전에 없던 교육 플랫폼까지

변함없는 혁신으로
교육 문화 환경의 새로운 전형을
실현해왔습니다.

비상은 오늘, 다시 한번
새로운 교육 문화 환경을 실현하기 위한
또 하나의 혁신을 시작합니다.

오늘의 내가 어제의 나를 초월하고
오늘의 교육이 어제의 교육을 초월하여
배움의 즐거움을 지속하는 혁신,

바로, 메타인지학습을.

상상을 실현하는 교육 문화 기업 비상

메타인지학습
초월을 뜻하는 meta와 생각을 뜻하는 인지가 결합된 메타인지는
자신이 알고 모르는 것을 스스로 구분하고 학습계획을 세우도록 하는
궁극의 학습 능력입니다. 비상의 메타인지학습은 메타인지를 키워주어
공부를 100% 내 것으로 만들도록 합니다.

완자

공부력

초등 영어
영단어 3B

특징과 활용법

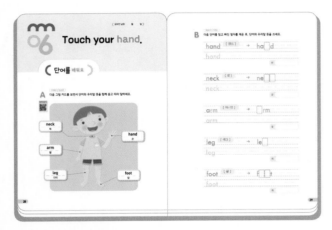

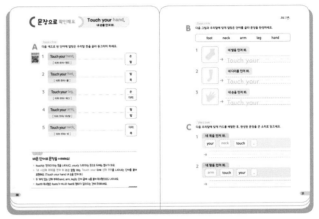

✳ 그림 카드와 함께 단어를 보고, 듣고,
따라 말하고, 쓰면서 배워요.

✳ 배운 단어를 문장에 적용해 보며
단어의 실제 쓰임새를 다시 한 번 익혀요.

✳ 철자와 우리말 발음을 색으로 연결하여 단어를 정확하게 익혀요.

예시 purple [퍼어r 플]

자음 : 빨강, 파랑, 초록	모음 : 보라	굴리는 r : 주황	묵음 : 회색

모음	a [애 / 에이]		e [에 / 이-]		i [이 / 아이]		o [아 / 오 / 오우]		u [어 / 유-]	
자음	b [ㅂ]	c [ㅋ/ㅅ]	d [ㄷ]	f [ㅍ]	g [ㄱ/ㅈ]	h [ㅎ]	j [쥐]	k [ㅋ]	l [ㄹ]	m [ㅁ]
	n [ㄴ]	p [ㅍ]	q [ㅋ]	r [ㄹ]	s [ㅅ/ㅆ/ㅈ]	t [ㅌ]	v [ㅂ]	w [우]	x [ㅋㅅ]	y [이/아이]
	z [ㅈ]	ch [취]	sh [쉬]	th [ㅆ/ㄷ]	ph [ㅍ]	ng [응]				

↳ w, y는 자음이지만
모음으로 발음해요.

- ✅ 책으로 하루 4쪽 공부하며, 초등 영단어를 익혀요!
- ✅ 모바일앱으로 공부한 내용을 복습하고 몬스터를 잡아요!

공부한 내용 확인하기

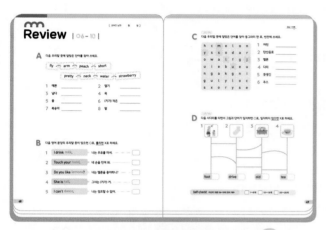

✳ 5일 동안 배운 단어를 재미있는 💡
문제로 풀어보며 복습해요.

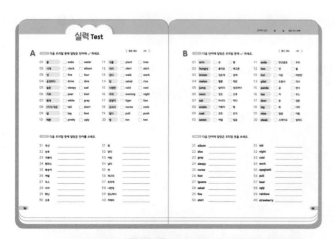

✳ 20일 동안 배운 단어를 단계별 문제로
풀어보며 자기의 실력을 확인해요.

모바일앱으로 복습하기

앱 다운받기

책 인증하기

✳ 그날 배운 내용을 바로바로,
또는 주말에 모아서 복습하고,
다이아몬드 획득까지! 💎
공부가 저절로 즐거워져요!

 # 차례

3A/3B에서는 물건, 동작, 색깔, 과일, 동물, 날씨 등 3학년 영어 교과서에 나오는 주제어를 공부해요.

완자 공부력
영단어 시리즈 단어 수

| 3A | 100단어 |
| 3B | 101단어 |

Start!

누적 학습 단어 수 **100단어**   **201단어**

한 친구가
작은 습관을 만들었어요.

매일매일의 시간이 흘러
작은 습관은 큰 습관이 되었어요.

큰 습관이 지금은 그 친구를 이끌고
있어요. 매일매일의 좋은 습관은
우리를 좋은 곳으로 이끌어 줄 거예요.

**우리도
하루 4쪽 공부 습관!
스스로 공부하는 힘을
키워 볼까요?**

This is a bag.

단어를 배워요

Listen & Speak

A 다음 그림 카드를 보면서 단어와 우리말 뜻을 함께 듣고 따라 말하세요.

단어 듣기

bag
가방

camera
카메라

clock
시계

album
앨범

umbrella
우산

B 다음 단어를 읽고 빠진 철자를 채운 후, 단어와 우리말 뜻을 쓰세요.

bag [백] → b[ ]g

bag

뜻 [ ]

camera [캐머러] → [ ]am[ ]ra

camera

뜻 [ ]

→ c는 발음되지 않아요.

clock [클라아ㅋ] → clo[ ][ ]

clock

뜻 [ ]

album [앨범] → alb[ ][ ]

album

뜻 [ ]

umbrella [엄브렐라] → umb[ ][ ]ll[ ]

umbrella

뜻 [ ]

Look & Match

A 다음 그림에 맞게 색으로 된 알맞은 단어와 우리말 뜻을 연결하세요.

문장 듣기

1 (시계) • • **This is a camera.**
[디쓰 이즈 어 캐머러] • 가방

2 • • **This is a bag.**
[디쓰 이즈 어 백] • 우산

3 (앨범) • • **This is a clock.**
[디쓰 이즈 어 클라아ㅋ] • 카메라

4 • • **This is an umbrella.**
[디쓰 이즈 언 엄브렐라] • 앨범

5 • • **This is an album.**
[디쓰 이즈 언 앨범] • 시계

배운 단어로 문장을 이해해요!

> this는 '이것'이라는 뜻으로 가까이 있는 물건을 가리킬 때 써요.

> 가까이 있는 물건을 가리켜 말할 때는 This is a(an) 뒤에 물건을 나타내는 단어를 붙여 '이것은 ~(물건)이야.' 라고 해요. (This is a bag. 이것은 가방이야.)

> album과 umbrella는 모음 a와 u로 시작되므로 단어 앞에 an을 써요.

B Choose & Write

다음 우리말에 맞게 알맞은 단어를 골라 문장을 완성하세요.

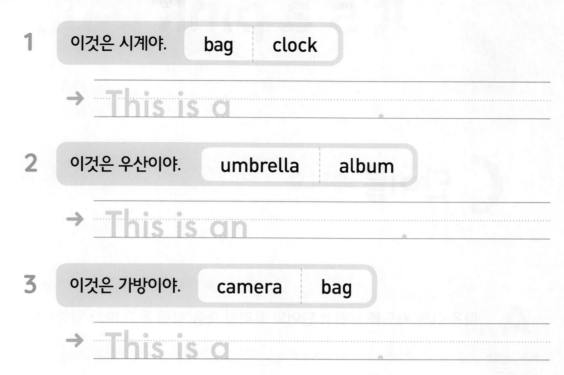

1 이것은 시계야.   bag   clock

→ This is a _____.

2 이것은 우산이야.   umbrella   album

→ This is an _____.

3 이것은 가방이야.   camera   bag

→ This is a _____.

C Write & Speak

다음 우리말에 맞게 카드를 배열한 후, 완성된 문장을 큰 소리로 읽으세요.

1 이것은 카메라야.

this   is   camera   a   .

→ _____

2 이것은 앨범이야.

album   an   is   this   .

→ _____

It's a pink ball.

단어를 배워요

A 다음 그림 카드를 보면서 단어와 우리말 뜻을 함께 듣고 따라 말하세요.

단어 듣기

pink
분홍색

white
흰색

brown
갈색

gray
회색

purple
보라색

B 다음 단어를 읽고 빠진 철자를 채운 후, 단어와 우리말 뜻을 쓰세요.

pink [핑크] → pin☐

pink

뜻

→ h는 발음되지 않아요.

white [와이트] → w☐☐te

white

뜻

brown [브라운] → br☐☐n

brown

뜻

gray [그레이] → ☐ray

gray

뜻

→ e는 발음되지 않아요.

purple [퍼어r 플] → pur☐☐e

purple

뜻

A Choose & Circle

다음 색으로 된 단어에 알맞은 우리말 뜻을 골라 동그라미 하세요.

문장 듣기

1 It's a purple ball.
[잍ㅅ 어 퍼어r플 보올]
.... 갈색 / 보라색

2 It's a gray ball.
[잍ㅅ 어 그레이 보올]
.... 회색 / 흰색

3 It's a brown ball.
[잍ㅅ 어 브라운 보올]
.... 분홍색 / 갈색

4 It's a white ball.
[잍ㅅ 어 와이트 보올]
.... 흰색 / 보라색

5 It's a pink ball.
[잍ㅅ 어 핑ㅋ 보올]
.... 회색 / 분홍색

배운 단어로 문장을 이해해요!

> It's는 It과 is를 줄여서 쓴 말이에요.

> '그것은 ~(색) 공이야.'라고 말할 때는 <It's a + 색깔을 나타내는 단어 + ball.>로 표현해요.
(It's a pink ball. 그것은 분홍색 공이야.)

B 다음 그림과 우리말에 맞게 알맞은 단어를 골라 문장을 완성하세요.

white	brown	pink	gray	purple

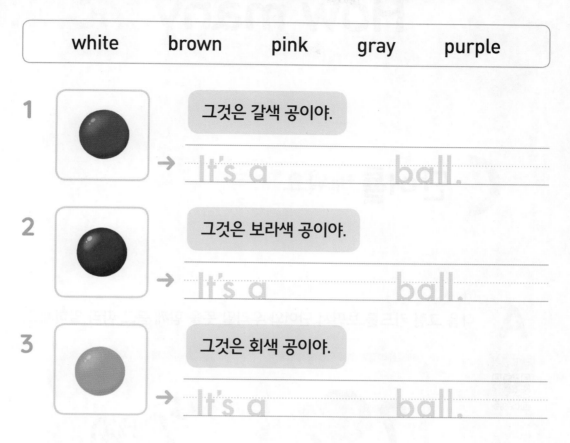

1 그것은 갈색 공이야.

→ It's a _____ ball.

2 그것은 보라색 공이야.

→ It's a _____ ball.

3 그것은 회색 공이야.

→ It's a _____ ball.

C 다음 우리말에 맞게 카드를 배열한 후, 완성된 문장을 큰 소리로 읽으세요.

1 그것은 흰색 공이야.

| it's | a | ball | white | . |

→ ....

2 그것은 분홍색 공이야.

| a | pink | it's | ball | . |

→ ....

03 How many monkeys?

단어를 배워요

A 다음 그림 카드를 보면서 단어와 우리말 뜻을 함께 듣고 따라 말하세요.

단어 듣기

monkey
원숭이

tiger
호랑이

lion
사자

bear
곰

panda
판다

B 다음 단어를 읽고 빠진 철자를 채운 후, 단어와 우리말 뜻을 쓰세요.

monkey [멍키] → ☐on☐ey

monkey

뜻 ☐

→ 혀를 굴려 모음에 이어서 발음해요.

tiger [타이거r] → ☐ig☐r

tiger

뜻 ☐

lion [라이언] → ☐ion

lion

뜻 ☐

bear [베어r] → b☐☐r

bear

뜻 ☐

panda [팬더] → pa☐☐a

panda

뜻 ☐

Look & Match

A 다음 그림에 맞게 색으로 된 알맞은 단어와 우리말 뜻을 연결하세요.

문장 듣기

1   How many lions?
[하우 매니 라이언즈]   호랑이

2   How many tigers?
[하우 매니 타이거r스]   곰

3   How many monkeys?
[하우 매니 멍키스]   사자

4   How many bears?
[하우 매니 베어r즈]   원숭이

5   How many pandas?
[하우 매니 팬더즈]   판다

배운 단어로 문장을 이해해요!

> How many ~?는 '~은 몇 개니?'라는 뜻으로 셀 수 있는 것의 양을 물어볼 때 써요.

> 개수를 물어볼 때는 단어를 복수형으로 써요.

> '~(동물)은 몇 마리 있니?'라고 물어볼 때는 How many 뒤에 동물을 나타내는 단어의 복수형을 붙여 표현해요. (How many monkeys? 원숭이는 몇 마리 있니?)

정답 111쪽

B

Choose & Write

다음 우리말에 맞게 알맞은 단어를 골라 문장을 완성하세요.

1 판다는 몇 마리 있니? | bears | pandas |

→ How many _____ ?

2 원숭이는 몇 마리 있니? | tigers | monkeys |

→ How many _____ ?

3 사자는 몇 마리 있니? | lions | bears |

→ How many _____ ?

C

Write & Speak

다음 우리말에 맞게 카드를 배열한 후, 완성된 문장을 큰 소리로 읽으세요.

1 곰은 몇 마리 있니?

| how | bears | many | ? |

→ _____

2 호랑이는 몇 마리 있니?

| many | tigers | how | ? |

→ _____

I have one book.

단어를 배워요

A 다음 그림 카드를 보면서 단어와 우리말 뜻을 함께 듣고 따라 말하세요.

단어 듣기

one
1, 하나

two
2, 둘

three
3, 셋

four
4, 넷

five
5, 다섯

B 다음 단어를 읽고 빠진 철자를 채운 후, 단어와 우리말 뜻을 쓰세요.

one [원] → □ne

one

뜻

two [투우] → t□□

two

뜻

three [쓰리이] → □□ree

three

뜻

four [포오r] → □ou□

four

뜻

five [파이브] → fi□e

five

뜻

문장으로 확인해요

I have one book.
나는 책 한 권을 가지고 있어.

Choose & Circle

A 다음 색으로 된 단어에 알맞은 우리말 뜻을 골라 동그라미 하세요.

문장 듣기

1 I have three books.
[아이 해브 쓰리이 북스]

| 셋 |
| 다섯 |

2 I have two books.
[아이 해브 투우 북스]

| 넷 |
| 둘 |

3 I have one book.
[아이 해브 원 북]

| 셋 |
| 하나 |

4 I have five books.
[아이 해브 파이브 북스]

| 다섯 |
| 둘 |

5 I have four books.
[아이 해브 포오r 북스]

| 하나 |
| 넷 |

배운 단어로 문장을 이해해요!

> '나는 책 ~(몇) 권을 가지고 있어.'라고 말할 때는 <I have + 숫자를 나타내는 단어 + book(s).>로 표현해요. (I have one book. 나는 책 한 권을 가지고 있어.)

> 책 두 권 이상(2~5권)을 나타낼 때는 book 끝에 -s를 붙여 복수형 books로 써요.

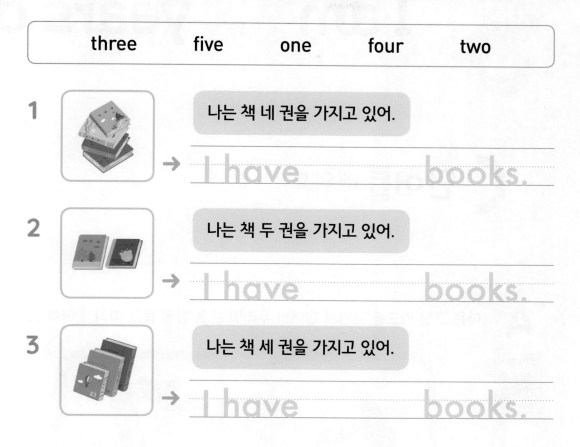

B 다음 그림과 우리말에 맞게 알맞은 단어를 골라 문장을 완성하세요.

(Choose & Write)

| three | five | one | four | two |

1   나는 책 네 권을 가지고 있어.
→ I have   books.

2   나는 책 두 권을 가지고 있어.
→ I have   books.

3   나는 책 세 권을 가지고 있어.
→ I have   books.

C 다음 우리말에 맞게 카드를 배열한 후, 완성된 문장을 큰 소리로 읽으세요.

(Write & Speak)

1   나는 책 한 권을 가지고 있어.

| I | have | book | one | . |

→

2   나는 책 다섯 권을 가지고 있어.

| have | five | I | books | . |

→

I am six years old.

단어를 배워요

Listen & Speak

A 다음 그림 카드를 보면서 단어와 우리말 뜻을 함께 듣고 따라 말하세요.

단어 듣기

six
6, 여섯

seven
7, 일곱

eight
8, 여덟

nine
9, 아홉

ten
10, 열

B 다음 단어를 읽고 빠진 철자를 채운 후, 단어와 우리말 뜻을 쓰세요.

six [씩스] → si☐

six

뜻 _____

seven [쎄븐] → se☐☐n

seven

뜻 _____

→ gh는 발음되지 않아요.

eight [에이트] → e☐ght

eight

뜻 _____

nine [나인] → ☐ine

nine

뜻 _____

ten [텐] → t☐n

ten

뜻 _____

A (Choose & Circle)

다음 색으로 된 단어에 알맞은 우리말 뜻을 골라 동그라미 하세요.

문장 듣기

1 I am seven years old.

[아이 앰 쎄븐 이-어r즈 오울드]

.... 나는 [열 / 일곱] 살이야.

2 I am six years old.

[아이 앰 씩ㅅ 이-어r즈 오울드]

.... 나는 [여섯 / 여덟] 살이야.

3 I am nine years old.

[아이 앰 나인 이-어r즈 오울드]

.... 나는 [아홉 / 일곱] 살이야.

4 I am eight years old.

[아이 앰 에이ㅌ 이-어r즈 오울드]

.... 나는 [여덟 / 아홉] 살이야.

5 I am ten years old.

[아이 앰 텐 이-어r즈 오울드]

.... 나는 [여섯 / 열] 살이야.

배운 단어로 문장을 이해해요!

> '나는 ~(몇) 살이야.'라고 자신의 나이를 말할 때는 〈I am + 숫자를 나타내는 단어 + years old.〉로 표현해요. (I am six years old. 나는 여섯 살이야.)

> 이 표현은 나이를 물어보는 How old are you?(너는 몇 살이니?)에 대한 대답으로 쓰여요.

B 다음 그림에 맞게 알맞은 단어를 골라 문장을 완성하세요.

six	nine	seven	ten	eight

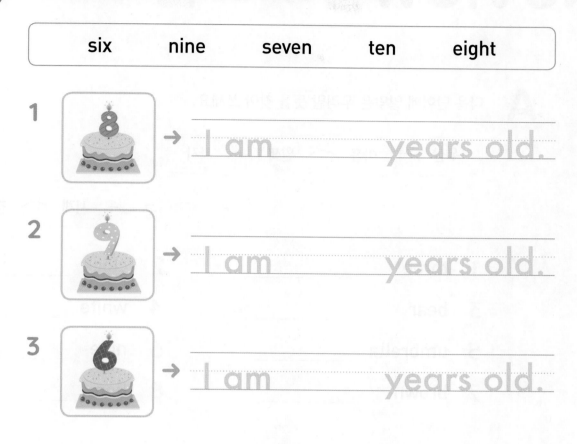

1 → I am _____ years old.

2 → I am _____ years old.

3 → I am _____ years old.

C 다음 우리말에 맞게 카드를 배열한 후, 완성된 문장을 큰 소리로 읽으세요.

1 나는 열 살이야.

| ten | old | years | . |

→ I am

2 나는 일곱 살이야.

| years | I | seven | old | am | . |

→

A 다음 단어에 알맞은 우리말 뜻을 찾아 쓰세요.

우산 → 아홉 → 흰색 → 사자

셋 → 곰 → 시계 → 갈색

1 three _____   2 clock _____

3 bear _____   4 white _____

5 umbrella _____ 6 nine _____

7 brown _____   8 lion _____

B 다음 우리말에 맞게 빈칸에 알맞은 단어를 찾아 쓰세요.

| one | bag | six | pink | monkey |

1 나는 여섯 살이야.   I am _____ years old.

2 이것은 가방이야.   This is a _____ .

3 원숭이는 몇 마리 있니?   How many _____s?

4 그것은 분홍색 공이야.   It's a _____ ball.

5 나는 책 한 권을 가지고 있어. I have _____ book.

Let's Play

C 다음 그림에 맞게 알맞은 단어로 빈칸을 채워 퍼즐을 완성하세요.

Touch your hand.

단어를 **배워요**

Listen & Speak

A 다음 그림 카드를 보면서 단어와 우리말 뜻을 함께 듣고 따라 말하세요.

단어 듣기

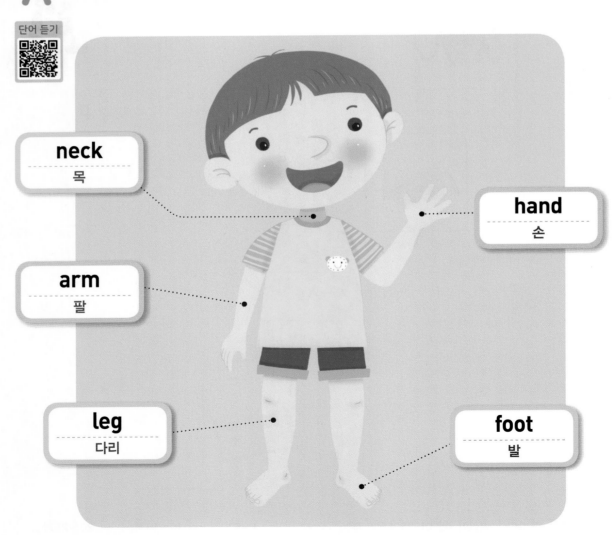

neck
목

hand
손

arm
팔

leg
다리

foot
발

B 다음 단어를 읽고 빠진 철자를 채운 후, 단어와 우리말 뜻을 쓰세요.

hand   [핸드] → ha☐d

hand

뜻 ☐

neck   [넥] → ne☐☐

neck

뜻 ☐

arm   [아r암] → ☐rm

arm

뜻 ☐

leg   [레그] → le☐

leg

뜻 ☐

foot   [풋] → f☐☐t

foot

뜻 ☐

Touch your hand.
네 손을 만져 봐.

Choose & Circle

A 다음 색으로 된 단어에 알맞은 우리말 뜻을 골라 동그라미 하세요.

문장 듣기

1 Touch your hand.
[터취 유어r 핸드] .... 손 / 팔

2 Touch your foot.
[터취 유어r 풋] .... 발 / 목

3 Touch your leg.
[터취 유어r 레그] .... 손 / 다리

4 Touch your arm.
[터취 유어r 아r암] .... 팔 / 발

5 Touch your neck.
[터취 유어r 넥] .... 다리 / 목

배운 단어로 문장을 이해해요!

❯ touch는 '만지다'라는 뜻을 나타내고, your는 '너의'라는 뜻으로 뒤에는 명사가 와요.

❯ '네 ~(신체 부위)을 만져 봐.'라고 말할 때는 Touch your 뒤에 신체 부위를 나타내는 단어를 붙여 표현해요. (Touch your hand. 네 손을 만져 봐.)

❯ 두 개씩 있는 신체 부위(hand, arm, leg)는 단어 끝에 -s를 붙여 복수형으로도 나타내요.

❯ foot의 복수형은 foots가 아니라 feet로 형태가 달라지는 것에 주의하세요.

B 다음 그림과 우리말에 맞게 알맞은 단어를 골라 문장을 완성하세요.

foot	neck	arm	leg	hand

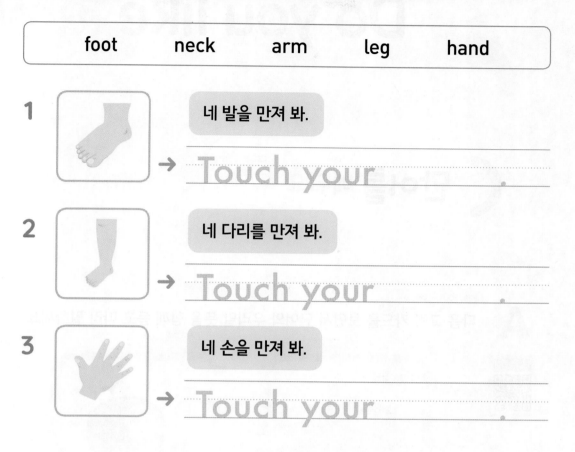

1 네 발을 만져 봐.

→ Touch your .

2 네 다리를 만져 봐.

→ Touch your .

3 네 손을 만져 봐.

→ Touch your .

C 다음 우리말에 맞게 카드를 배열한 후, 완성된 문장을 큰 소리로 읽으세요.

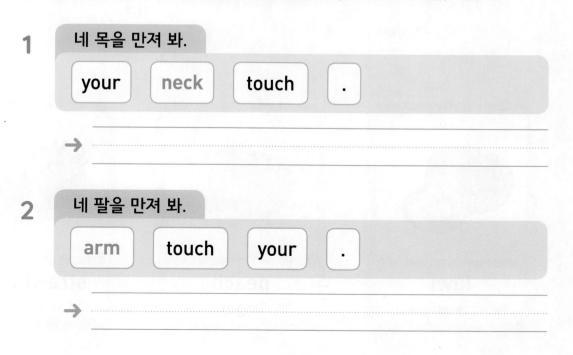

1 네 목을 만져 봐.

| your | neck | touch | . |

→

2 네 팔을 만져 봐.

| arm | touch | your | . |

→

31

Do you like lemons?

단어를 배워요

A 다음 그림 카드를 보면서 단어와 우리말 뜻을 함께 듣고 따라 말하세요.

단어 듣기

lemon

레몬

melon

멜론

kiwi

키위

peach

복숭아

strawberry

딸기

B 다음 단어를 읽고 빠진 철자를 채운 후, 단어와 우리말 뜻을 쓰세요.

lemon [레먼] → ⬜emon

lemon

뜻

melon [멜런] → mel⬜n

melon

뜻

kiwi [키이위이] → ki⬜⬜

kiwi

뜻

peach [피이취] → pea⬜⬜

peach

뜻

[스트로우베리]
strawberry → st⬜aw⬜e⬜⬜y

strawberry

뜻

문장으로 확인해요

Do you like lemons?
너는 레몬을 좋아하니?

Choose & Circle

A
다음 색으로 된 단어에 알맞은 우리말 뜻을 골라 동그라미 하세요.

문장 듣기

1 Do you like kiwis?
[두 유 라이크 키이위이스]
너는 ┌ 키위 / 딸기 ┐ 를 좋아하니?

2 Do you like peaches?
[두 유 라이크 피이취이즈]
너는 ┌ 레몬 / 복숭아 ┐ 을[를] 좋아하니?

3 Do you like lemons?
[두 유 라이크 레먼즈]
너는 ┌ 키위 / 레몬 ┐ 을[를] 좋아하니?

4 Do you like melons?
[두 유 라이크 멜런즈]
너는 ┌ 복숭아 / 멜론 ┐ 을[를] 좋아하니?

5 Do you like strawberries?
[두 유 라이크 스트로우베리즈]
너는 ┌ 딸기 / 멜론 ┐ 을[를] 좋아하니?

배운 단어로 문장을 이해해요!

› 좋아하는 것을 물어볼 때는 복수형 단어로 써요.

› '너는 ~(과일)을 좋아하니?'라고 물어볼 때는 Do you like 뒤에 과일을 나타내는 단어의 복수형을 붙여 표현해요. (Do you like lemons? 너는 레몬을 좋아하니?)

› 셀 수 있는 과일은 끝에 -s[es]를 붙여 복수형으로 쓰는데, strawberry는 strawberrys나 strawberryes가 아닌 strawberries로 달라지므로 주의하세요.

B
Choose & Write

다음 그림에 맞게 알맞은 단어를 골라 문장을 완성하세요.

| melons | peaches | kiwis | lemons |

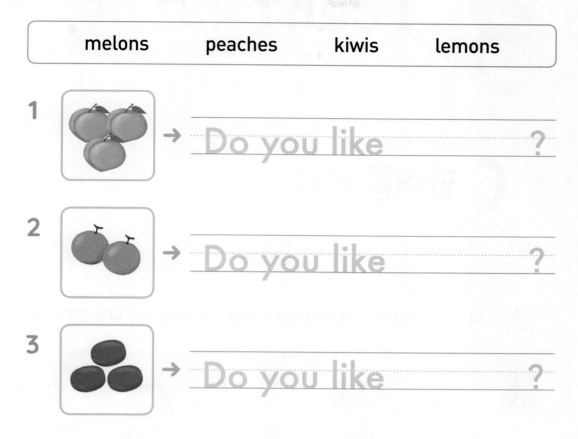

1 → Do you like _____ ?

2 → Do you like _____ ?

3 → Do you like _____ ?

C
Write & Speak

다음 우리말에 맞게 카드를 배열한 후, 완성된 문장을 큰 소리로 읽으세요.

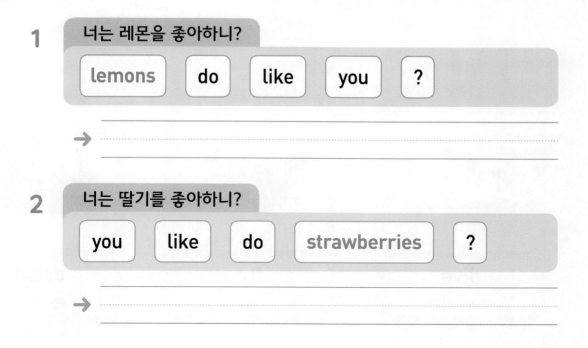

1 너는 레몬을 좋아하니?

| lemons | do | like | you | ? |

→ _____

2 너는 딸기를 좋아하니?

| you | like | do | strawberries | ? |

→ _____

I can't dance.

단어를 배워요

Listen & Speak

A 다음 그림 카드를 보면서 단어와 우리말 뜻을 함께 듣고 따라 말하세요.

단어 듣기

dance

춤추다

jump

점프하다

dive

다이빙하다

fly

날다

drive

운전하다

B 다음 단어를 읽고 빠진 철자를 채운 후, 단어와 우리말 뜻을 쓰세요.

dance [댄쓰] → d◻nce

dance

뜻

jump [쥠ㅍ] → ◻◻mp

jump

뜻

dive [다이브] → d◻ve

dive

뜻

fly [플라이] → fl◻

fly

뜻

drive [드라이브] → dri◻◻

drive

뜻

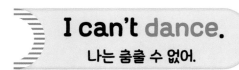

문장으로 확인해요

I can't dance.
나는 춤출 수 없어.

Look & Match

A 다음 그림에 맞게 색으로 된 알맞은 단어와 우리말 뜻을 연결하세요.

문장 듣기

1 I can't dive. [아이 캔ㅌ 다이브] 점프하다

2 I can't jump. [아이 캔ㅌ 쥠ㅍ] 다이빙하다

3 I can't dance. [아이 캔ㅌ 댄ㅆ] 날다

4 I can't drive. [아이 캔ㅌ 드라이브] 춤추다

5 I can't fly. [아이 캔ㅌ 플라이] 운전하다

배운 단어로 문장을 이해해요!

> can't는 '할 수 있다'라는 뜻인 can과 부정의 의미인 not을 줄여 쓴 말로 일반적으로 줄임말 형태로 써요.

> 어떤 일을 할 수 없다고 말할 때는 I can't 뒤에 동작을 나타내는 단어를 붙여 '나는 ~(동작을) 할 수 없어.'
라고 해요. (I can't dance. 나는 춤출 수 없어.)

Choose & Write

B 다음 우리말에 맞게 알맞은 단어를 골라 문장을 완성하세요.

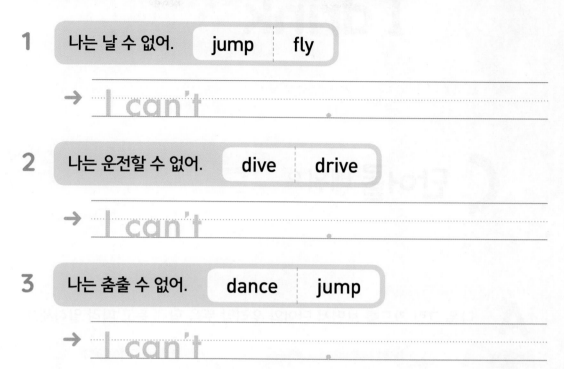

1 나는 날 수 없어. | jump | fly |

→ I can't _____ .

2 나는 운전할 수 없어. | dive | drive |

→ I can't _____ .

3 나는 춤출 수 없어. | dance | jump |

→ I can't _____ .

Write & Speak

C 다음 우리말에 맞게 카드를 배열한 후, 완성된 문장을 큰 소리로 읽으세요.

1 나는 다이빙할 수 없어.

| I | dive | can't | . |

→ _____

2 나는 점프할 수 없어.

| can't | I | jump | . |

→ _____

39

I drink milk.

단어를 배워요

Listen & Speak

A 다음 그림 카드를 보면서 단어와 우리말 뜻을 함께 듣고 따라 말하세요.

단어 듣기

milk

우유

juice

주스

water

물

soda

탄산음료

tea

차

B 다음 단어를 읽고 빠진 철자를 채운 후, 단어와 우리말 뜻을 쓰세요.

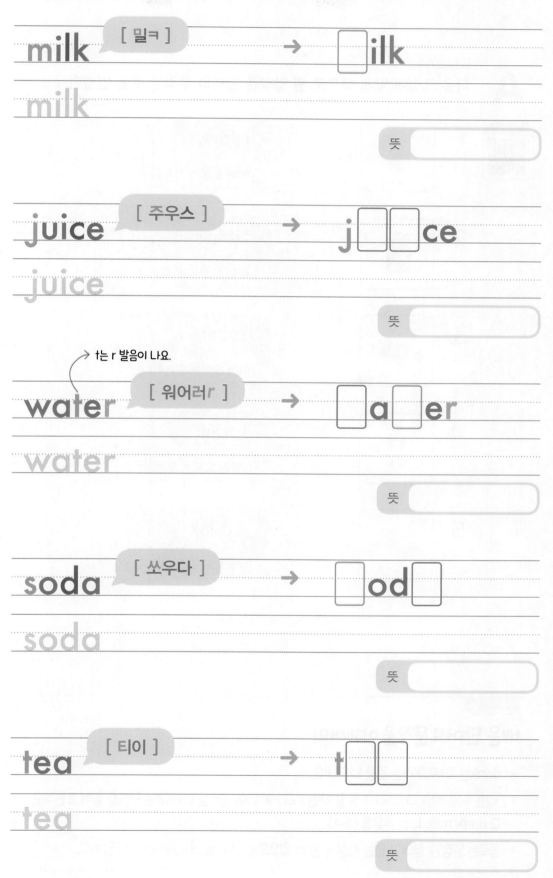

milk   [밀ㅋ]   →   ☐ilk

milk

뜻 ☐

juice   [주우스]   →   j☐☐ce

juice

뜻 ☐

↱ t는 r 발음이 나요.

water   [워어러r]   →   ☐a☐er

water

뜻 ☐

soda   [쏘우다]   →   ☐od☐

soda

뜻 ☐

tea   [티이]   →   t☐☐

tea

뜻 ☐

문장으로 확인해요

I drink milk.
나는 우유를 마셔.

Look & Match

A 다음 그림에 맞게 색으로 된 알맞은 단어와 우리말 뜻을 연결하세요.

 문장 듣기

1 · · **I drink** soda.
[아이 드링ㅋ 쏘우다] · · 물

2 · · **I drink** juice.
[아이 드링ㅋ 주우스] · · 주스

3 · · **I drink** water.
[아이 드링ㅋ 워어러r] · · 탄산음료

4 · · **I drink** milk.
[아이 드링ㅋ 밀ㅋ] · · 차

5 · · **I drink** tea.
[아이 드링ㅋ 티이] · · 우유

배운 단어로 문장을 이해해요!

▸ drink는 '마시다'라는 뜻을 나타내요.

▸ '나는 ~(음료)을 마셔.'라고 말할 때는 I drink 뒤에 음료를 나타내는 단어를 붙여 표현해요.
  (I drink milk. 나는 우유를 마셔.)

▸ 음료는 일정한 형태가 없는 물질로 셀 수 없으므로 단어 앞에 a[an]를 쓰지 않아요.

Choose & Write

B 다음 우리말에 맞게 알맞은 단어를 골라 문장을 완성하세요.

1 나는 주스를 마셔. | milk | juice |

→ I drink _____.

2 나는 물을 마셔. | water | soda |

→ I drink _____.

3 나는 차를 마셔. | tea | milk |

→ I drink _____.

Write & Speak

C 다음 우리말에 맞게 카드를 배열한 후, 완성된 문장을 큰 소리로 읽으세요.

1 나는 우유를 마셔.

| I | milk | drink | . |

→ _____

2 나는 탄산음료를 마셔.

| drink | I | soda | . |

→ _____

43

10

She is tall.

단어를 배워요

A 다음 그림 카드를 보면서 단어와 우리말 뜻을 함께 듣고 따라 말하세요.

단어 듣기

tall

(키가) 큰

old

나이가 많은

pretty

예쁜

short

(키가) 작은

young

어린

ugly

못생긴

B 다음 단어를 읽고 빠진 철자를 채운 후, 단어와 우리말 뜻을 쓰세요.

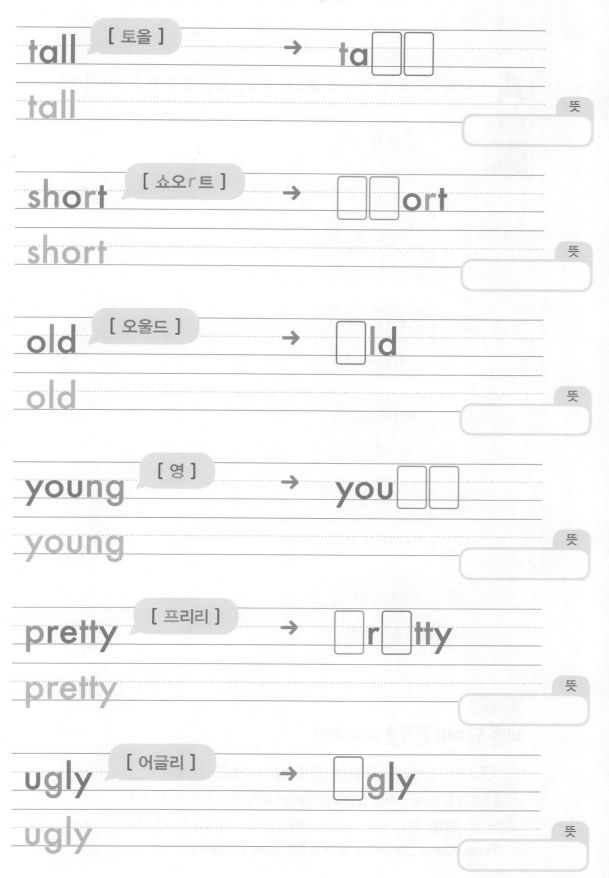

tall [토올] → ta☐☐

tall 뜻

short [쇼오r트] → ☐☐ort

short 뜻

old [오울드] → ☐ld

old 뜻

young [영] → you☐☐

young 뜻

pretty [프리리] → ☐r☐tty

pretty 뜻

ugly [어글리] → ☐gly

ugly 뜻

Choose & Circle

A 다음 색으로 된 단어에 알맞은 우리말 뜻을 골라 동그라미 하세요.

문장 듣기

1 She is old.
[쉬 이즈 오울드]

못생긴 / 나이가 많은

2 He is short.
[히 이즈 쇼오r트]

예쁜 / (키가) 작은

3 She is tall.
[쉬 이즈 토올]

(키가) 큰 / 나이가 많은

4 He is ugly.
[히 이즈 어글리]

못생긴 / 어린

5 She is pretty.
[쉬 이즈 프리리]

(키가) 큰 / 예쁜

6 He is young.
[히 이즈 영]

어린 / (키가) 작은

배운 단어로 문장을 이해해요!

▶ 어른과 아이 상관없이 남자는 he(그)로, 여자는 she(그녀)로 써요.

▶ 동물은 보통 it으로 쓰지만 성별을 분명하게 나타낼 때는 he[she]를 써요.

▶ 외모를 설명할 때는 He[She] is 뒤에 외모를 나타내는 단어를 붙여 '그[그녀]는 ~(외모)야.'라고 해요.
(He is young. 그는 어려. / She is tall. 그녀는 (키가) 커.)

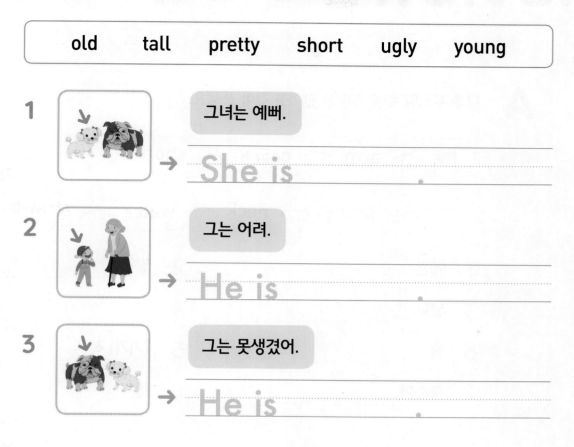

B Choose & Write

다음 그림과 우리말에 맞게 알맞은 단어를 골라 문장을 완성하세요.

| old   tall   pretty   short   ugly   young |

1 그녀는 예뻐.

→ She is _____.

2 그는 어려.

→ He is _____.

3 그는 못생겼어.

→ He is _____.

C Write & Speak

다음 우리말에 맞게 카드를 골라 배열한 후, 완성된 문장을 큰 소리로 읽으세요.

1 그는 (키가) 작아.

he   short   is   tall   .

→ _____

2 그녀는 나이가 많아.

young   old   is   she   .

→ _____

Review | 06 - 10 |

A 다음 우리말 뜻에 알맞은 단어를 찾아 쓰세요.

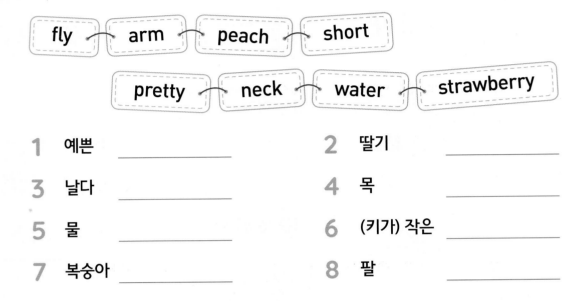

fly — arm — peach — short

pretty — neck — water — strawberry

1 예쁜 _____

2 딸기 _____

3 날다 _____

4 목 _____

5 물 _____

6 (키가) 작은 _____

7 복숭아 _____

8 팔 _____

B 다음 영어 문장의 우리말 뜻이 맞으면 ○표, 틀리면 X표 하세요.

1 I drink milk. 나는 우유를 마셔. ········· ☐

2 Touch your hand. 네 손을 만져 봐. ········· ☐

3 Do you like lemons? 너는 멜론을 좋아하니? ········· ☐

4 She is tall. 그녀는 (키가) 커. ········· ☐

5 I can't dance. 나는 점프할 수 없어. ········· ☐

C 다음 우리말 뜻에 알맞은 단어를 찾아 동그라미 한 후, 빈칸에 쓰세요.

h	c	m	e	l	o	n
y	s	s	o	d	a	r
o	w	a	l	f	g	j
u	i	e	b	u	e	u
n	g	a	k	g	n	i
g	u	l	y	l	o	c
s	x	o	r	y	s	e

1 어린 _____

2 탄산음료 _____

3 멜론 _____

4 다리 _____

5 못생긴 _____

6 주스 _____

D 다음 사다리를 타면서 그림과 단어가 일치하면 ○표, 일치하지 <u>않으면</u> X표 하세요.

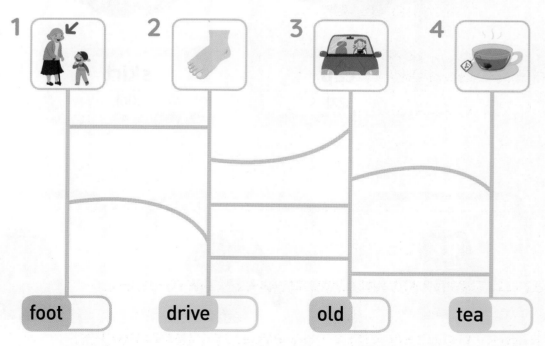

foot drive old tea

Self-check! 자신이 외운 06~10의 단어 개수 ☐ 1~9개 ☐ 10~19개 ☐ 20~26개

49

11 Is this your cap?

단어를 배워요

Listen & Speak

A 다음 그림 카드를 보면서 단어와 우리말 뜻을 함께 듣고 따라 말하세요.

단어 듣기

cap

모자

skirt

치마

dress

원피스, 드레스

shirt

셔츠

coat

코트

B 다음 단어를 읽고 빠진 철자를 채운 후, 단어와 우리말 뜻을 쓰세요.

cap [캡] → ca☐

cap

뜻 ☐

skirt [스커r트] → s☐irt

skirt

뜻 ☐

dress [드레ㅆ] → dre☐☐

dress

뜻 ☐

shirt [셔어r트] → ☐☐irt

shirt

뜻 ☐

coat [코우트] → c☐☐t

coat

뜻 ☐

문장으로 확인해요 — Is this your cap?
이것은 네 모자니?

Look & Match

A 다음 그림에 맞게 색으로 된 알맞은 단어와 우리말 뜻을 연결하세요.

문장 듣기

1 · · **Is this your dress?**
[이즈 디ㅆ 유어*r* 드레ㅆ] · · 모자

2 · · **Is this your skirt?**
[이즈 디ㅆ 유어*r* 스커*r*트] · · 원피스

3 · · **Is this your cap?**
[이즈 디ㅆ 유어*r* 캡] · · 치마

4 · · **Is this your coat?**
[이즈 디ㅆ 유어*r* 코우ㅌ] · · 셔츠

5 · · **Is this your shirt?**
[이즈 디ㅆ 유어*r* 셔어*r*트] · · 코트

배운 단어로 문장을 이해해요!

> 상대방에게 옷[모자]의 주인인지 물어볼 때는 Is this your 뒤에 옷[모자]을 나타내는 단어를 붙여 '이것은 네 ~(옷[모자])이니?'라고 해요. (Is this your cap? 이것은 네 모자니?)

> Is this ~?는 This is ~.(이것은 ~이야.)에서 This와 is의 순서를 바꿔 물어보는 문장으로 만든 거예요.

B

다음 우리말에 맞게 알맞은 단어를 골라 문장을 완성하세요.

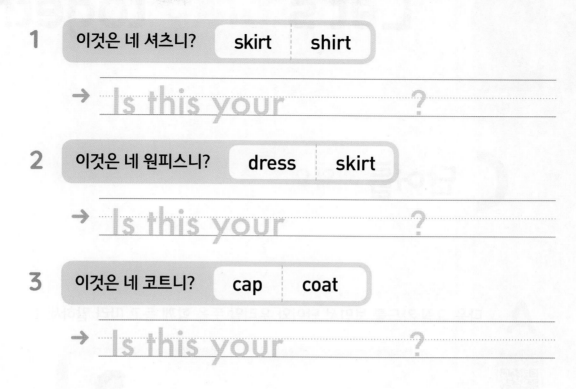

1 이것은 네 셔츠니?   skirt | shirt

→ Is this your _____ ?

2 이것은 네 원피스니?   dress | skirt

→ Is this your _____ ?

3 이것은 네 코트니?   cap | coat

→ Is this your _____ ?

C

다음 우리말에 맞게 카드를 배열한 후, 완성된 문장을 큰 소리로 읽으세요.

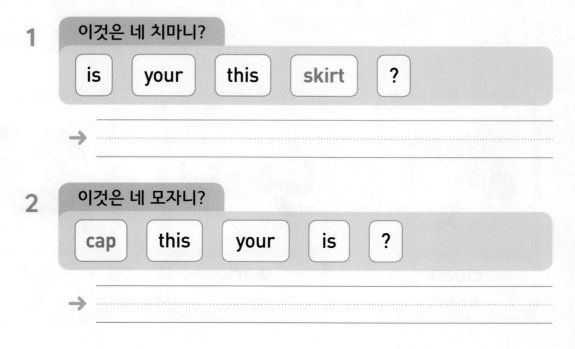

1 이것은 네 치마니?

is | your | this | skirt | ?

→ _____

2 이것은 네 모자니?

cap | this | your | is | ?

→ _____

Let's play together.

단어를 배워요

Listen & Speak

A 다음 그림 카드를 보면서 단어와 우리말 뜻을 함께 듣고 따라 말하세요.

단어 듣기

play
놀다

walk
걷다

clean
청소하다

work
일하다

eat
먹다

B 다음 단어를 읽고 빠진 철자를 채운 후, 단어와 우리말 뜻을 쓰세요.

play   [플레이]   →   pl◻◻

play

뜻

↱ l은 발음되지 않아요.

walk   [워어ㅋ]   →   wa◻◻

walk

뜻

clean   [클리인]   →   cl◻◻n

clean

뜻

work   [워어r크]   →   w◻rk

work

뜻

eat   [아-ㅌ]   →   ea◻

eat

뜻

문장으로 확인해요   Let's play together.
함께 놀자.

문장 듣기

Choose & Circle

A 다음 색으로 된 단어에 알맞은 우리말 뜻을 골라 동그라미 하세요.

1 Let's clean together.
[렛ㅅ 클리인 투게더r]

놀다
청소하다

2 Let's work together.
[렛ㅅ 워어r크 투게더r]

일하다
걷다

3 Let's play together.
[렛ㅅ 플레이 투게더r]

먹다
놀다

4 Let's walk together.
[렛ㅅ 워어ㅋ 투게더r]

걷다
일하다

5 Let's eat together.
[렛ㅅ 이-ㅌ 투게더r]

청소하다
먹다

배운 단어로 문장을 이해해요!

➤ Let's는 Let(~하게 허락하다)과 us(우리를)를 줄여서 쓴 말이에요.

➤ together는 '함께'라는 뜻을 나타내요.

➤ '함께 ~하자.'라고 상대방에게 제안할 때는 <Let's + 동작을 나타내는 단어 + together.>로 표현해요.
(Let's play together. 함께 놀자.)

Choose & Write

B 다음 그림과 우리말에 맞게 알맞은 단어를 골라 문장을 완성하세요.

work	eat	play	clean	walk

1 함께 걷자.

→ Let's   together.

2 함께 먹자.

→ Let's   together.

3 함께 청소하자.

→ Let's   together.

Write & Speak

C 다음 우리말에 맞게 카드를 배열한 후, 완성된 문장을 큰 소리로 읽으세요.

1 함께 일하자.

| let's | together | work | . |

→

2 함께 놀자.

| together | play | let's | . |

→

57

13

Look at the flower.

단어를 배워요

A 다음 그림 카드를 보면서 단어와 우리말 뜻을 함께 듣고 따라 말하세요.

단어 듣기

flower

꽃

tree

나무

leaf

나뭇잎

plant

식물

rainbow

무지개

58

B 다음 단어를 읽고 빠진 철자를 채운 후, 단어와 우리말 뜻을 쓰세요.

flower [플라우어r] → f◻o◻er

flower

뜻

tree [트리이] → tr◻◻

tree

뜻

leaf [리이ㅍ] → lea◻

leaf

뜻

plant [플랜ㅌ] → pl◻nt

plant

뜻

rainbow [레인보우] → ◻ainb◻◻

rainbow

뜻

Choose & Circle

A 다음 색으로 된 단어에 알맞은 우리말 뜻을 골라 동그라미 하세요.

문장 듣기

1 **Look at the plant.**
[룩 앹 더 플랜ㅌ]
.... 저 식물 / 무지개 을[를] 봐.

2 **Look at the leaf.**
[룩 앹 더 리이ㅍ]
.... 저 꽃 / 나뭇잎 을 봐.

3 **Look at the tree.**
[룩 앹 더 트리이]
.... 저 나뭇잎 / 나무 을[를] 봐.

4 **Look at the flower.**
[룩 앹 더 플라우어r]
.... 저 식물 / 꽃 을 봐.

5 **Look at the rainbow.**
[룩 앹 더 레인보우]
.... 저 나무 / 무지개 를 봐.

배운 단어로 문장을 이해해요!

> look at은 '~을 보다'라는 뜻을 나타내요.

> the는 '저'라는 뜻으로 구체적인 대상을 가리키는 단어 앞에 써요.

> '저 ~(자연)을 봐.'라고 말할 때는 명령문 형태인 Look at the 뒤에 자연을 나타내는 단어를 붙여 표현해요. (Look at the flower. 저 꽃을 봐.)

60

정답 117쪽

B

다음 그림에 맞게 알맞은 단어를 골라 문장을 완성하세요.

plant	leaf	rainbow	tree	flower

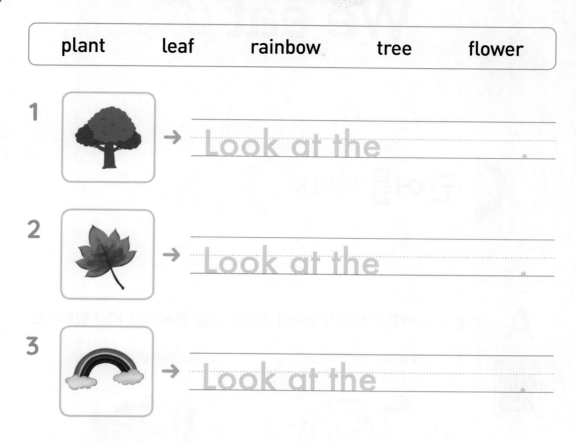

1 → Look at the   .

2 → Look at the   .

3 → Look at the   .

C

다음 우리말에 맞게 카드를 배열한 후, 완성된 문장을 큰 소리로 읽으세요.

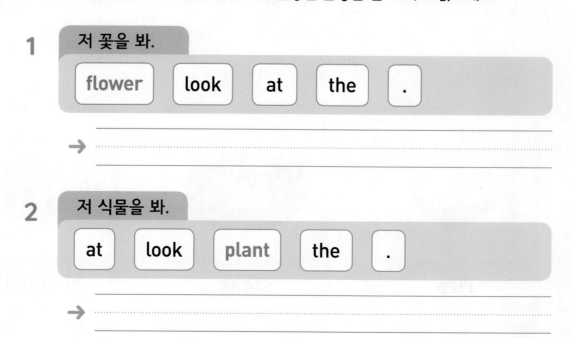

1 저 꽃을 봐.

flower look at the .

→

2 저 식물을 봐.

at look plant the .

→

61

14 We eat pizza.

단어를 배워요

Listen & Speak

A 다음 그림 카드를 보면서 단어와 우리말 뜻을 함께 듣고 따라 말하세요.

단어 듣기

pizza
피자

salad
샐러드

rice
밥, 쌀

steak
스테이크

spaghetti
스파게티

B 다음 단어를 읽고 빠진 철자를 채운 후, 단어와 우리말 뜻을 쓰세요.

pizza [피이차] → pi⬜⬜a

pizza

뜻 ⬜

salad [쌜러드] → ⬜ala⬜

salad

뜻 ⬜

rice [라이스] → r⬜ce

rice

뜻 ⬜

steak [스테이크] → st⬜⬜k

steak

뜻 ⬜

h는 발음되지 않고
t는 r 발음이 나요.

spaghetti [스파게리] → s⬜aghe⬜⬜i

spaghetti

뜻 ⬜

Choose & Circle

A 다음 색으로 된 단어에 알맞은 우리말 뜻을 골라 동그라미 하세요.

문장 듣기

1 We eat pizza.
[위 이-ㅌ 피이차]

밥, 쌀
피자

2 We eat salad.
[위 이-ㅌ 쌜러드]

샐러드
스파게티

3 We eat steak.
[위 이-ㅌ 스테이크]

피자
스테이크

4 We eat rice.
[위 이-ㅌ 라이스]

스테이크
밥, 쌀

5 We eat spaghetti.
[위 이-ㅌ 스파게리]

스파게티
샐러드

배운 단어로 문장을 이해해요!

> we는 '우리'라는 뜻으로 '나(I)를 포함한 두 명 이상의 사람들'을 가리킬 때 써요.

> eat는 '먹다'라는 뜻을 나타내요.

> '우리는 ~(음식)을 먹어.'라고 말할 때는 We eat 뒤에 음식을 나타내는 단어를 붙여 표현해요.
(We eat pizza. 우리는 피자를 먹어.)

> 음식은 일정한 형태가 없는 물질로 셀 수 없으므로 단어 앞에 a[an]를 쓰지 않아요.

B 다음 그림과 우리말에 맞게 알맞은 단어를 골라 문장을 완성하세요.

| salad | pizza | steak | rice | spaghetti |

1 우리는 밥을 먹어.
→ We eat   .

2 우리는 스파게티를 먹어.
→ We eat   .

3 우리는 피자를 먹어.
→ We eat   .

C 다음 우리말에 맞게 카드를 배열한 후, 완성된 문장을 큰 소리로 읽으세요.

1 우리는 샐러드를 먹어.

| eat | we | salad | . |

→

2 우리는 스테이크를 먹어.

| steak | eat | we | . |

→

15 I'm happy.

단어를 배워요

Listen & Speak

A 다음 그림 카드를 보면서 단어와 우리말 뜻을 함께 듣고 따라 말하세요.

happy

행복한

sad

슬픈

angry

화난

hungry

배고픈

sleepy

졸리운

B 다음 단어를 읽고 빠진 철자를 채운 후, 단어와 우리말 뜻을 쓰세요.

happy [해피] → ha☐☐y

happy

뜻 _____

sad [쌔드] → s☐d

sad

뜻 _____

angry [앵그리] → a☐g☐y

angry

뜻 _____

hungry [헝그리] → ☐un☐r☐

hungry

뜻 _____

sleepy [슬리이피] → s☐ee☐y

sleepy

뜻 _____

Look & Match

A 다음 그림에 맞게 색으로 된 알맞은 단어와 우리말 뜻을 연결하세요.

문장 듣기

1

I'm happy.
[아임 해피]

화난

2

I'm sleepy.
[아임 슬리이피]

행복한

3

I'm angry.
[아임 앵그리]

배고픈

4

I'm hungry.
[아임 헝그리]

졸리운

5

I'm sad.
[아임 쌔드]

슬픈

배운 단어로 문장을 이해해요!

> I'm은 I와 am을 줄여서 쓴 말이에요.

> 자신의 현재 기분이나 상태를 말할 때는 I'm 뒤에 기분, 상태를 나타내는 단어를 붙여 '나는 ~(기분, 상태)야.'
라고 해요. (I'm happy. 나는 행복해.)

B

Choose & Write

다음 우리말에 맞게 알맞은 단어를 골라 문장을 완성하세요.

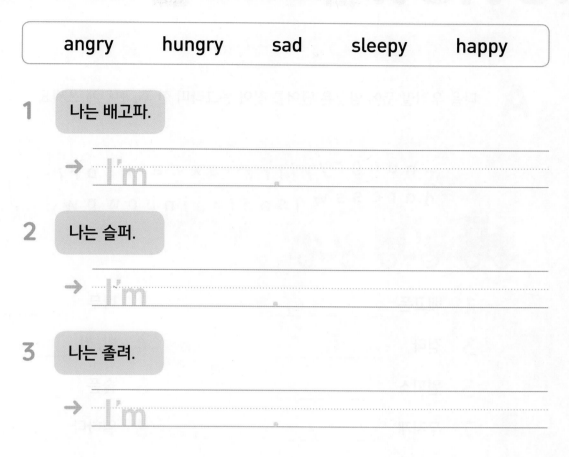

| angry | hungry | sad | sleepy | happy |

1 나는 배고파.

→ I'm _____ .

2 나는 슬퍼.

→ I'm _____ .

3 나는 졸려.

→ I'm _____ .

C

Write & Speak

다음 우리말에 맞게 알맞은 카드를 골라 배열한 후, 완성된 문장을 큰 소리로 읽으세요.

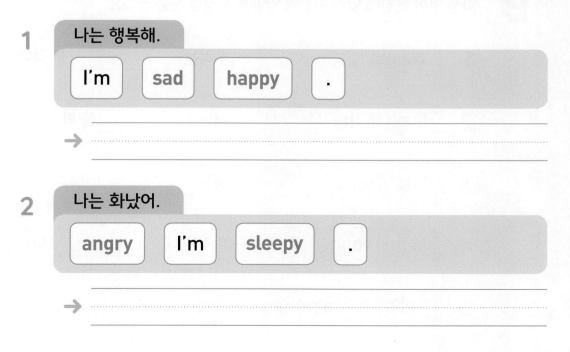

1 나는 행복해.

| I'm | sad | happy | . |

→ _____

2 나는 화났어.

| angry | I'm | sleepy | . |

→ _____

A 다음 우리말 뜻에 알맞은 단어를 찾아 동그라미 한 후, 빈칸에 쓰세요.

> m h u n g r y v i t r e e a x w a l k s o r i c e h
> d d r e s s w q s a d f r a i n b o w p w o r k

1 배고픈 _____   2 나무 _____

3 걷다 _____   4 밥, 쌀 _____

5 원피스 _____   6 슬픈 _____

7 무지개 _____   8 일하다 _____

B 다음 영어 문장에 맞게 빈칸에 알맞은 우리말 뜻을 쓰세요.

1 **We eat pizza.** ▶ 우리는 _____를 먹어.

2 **Look at the flower.** ▶ 저 _____을 봐.

3 **I'm happy.** ▶ 나는 _____.

4 **Is this your cap?** ▶ 이것은 네 _____니?

5 **Let's play together.** ▶ 함께 _____.

Let's Play

C 다음 그림에 맞게 알맞은 단어로 빈칸을 채워 퍼즐을 완성하세요.

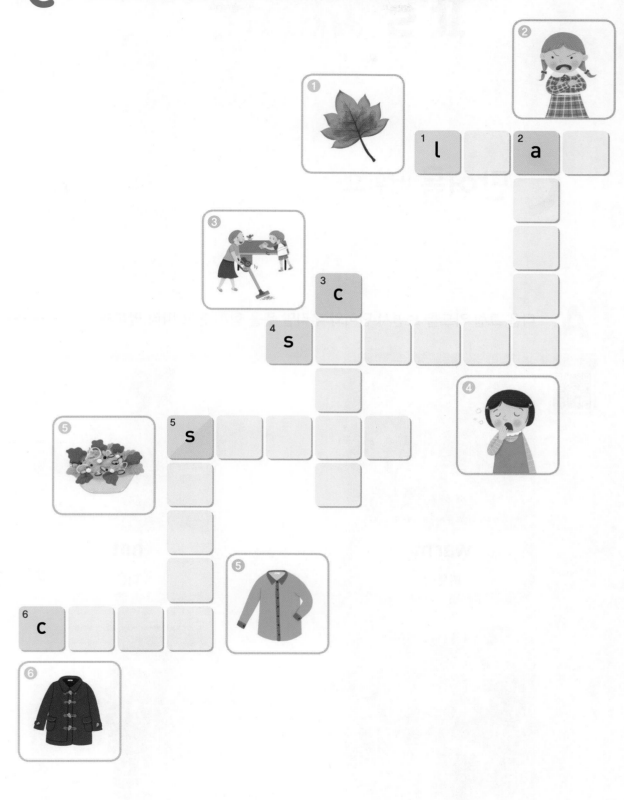

It's warm.

단어를 배워요

A Listen & Speak

다음 그림 카드를 보면서 단어와 우리말 뜻을 함께 듣고 따라 말하세요.

warm

따뜻한

hot

더운

cool

시원한

cold

추운

B 다음 단어를 읽고 빠진 철자를 채운 후, 단어와 우리말 뜻을 쓰세요.

warm [워r엄] → ⬜ a ⬜ m

warm

뜻

hot [하아트] → h ⬜ t

hot

뜻

cool [쿠울] → ⬜ o o ⬜

cool

뜻

cold [코울드] → c o l ⬜

cold

뜻

문장으로 확인해요

It's warm.
따뜻해.

A 다음 색으로 된 단어에 알맞은 우리말 뜻을 골라 동그라미 하세요.

문장 듣기

1 It's hot.
[잍ㅅ 하아ㅌ]

시원한
더운

2 It's warm.
[잍ㅅ 워r엄]

따뜻한
추운

3 It's cold.
[잍ㅅ 코울드]

더운
추운

4 It's cool.
[잍ㅅ 쿠울]

시원한
따뜻한

배운 단어로 문장을 이해해요!

> It's는 It과 is를 줄여서 쓴 말이에요.

> 날씨를 말할 때는 It's 뒤에 날씨를 나타내는 단어를 붙여 '(날씨가) ~해.'라고 해요. (It's warm. 따뜻해.)

> 여기서 it은 아무런 의미가 없는 단어이므로 '그것'이라고 해석하지 않아요.

> 이 표현은 날씨를 물어보는 How is the weather?(날씨가 어때?)에 대한 대답으로 쓰여요.

74

Choose & Write

B 다음 그림과 우리말에 맞게 알맞은 단어를 골라 문장을 완성하세요.

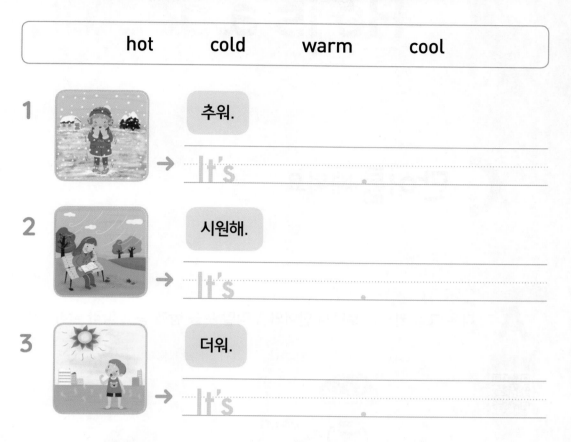

hot	cold	warm	cool

1 추워.

→ It's _____.

2 시원해.

→ It's _____.

3 더워.

→ It's _____.

Write & Speak

C 다음 우리말에 맞게 알맞은 카드를 골라 배열한 후, 완성된 문장을 큰 소리로 읽으세요.

1 따뜻해.

| it's | hot | warm | . |

→ _____

2 추워.

| cool | cold | it's | . |

→ _____

17

He is a doctor.

단어를 배워요

A Listen & Speak

다음 그림 카드를 보면서 단어와 우리말 뜻을 함께 듣고 따라 말하세요.

단어 듣기

doctor
의사

nurse
간호사

cook
요리사

farmer
농부

pilot
조종사

B 다음 단어를 읽고 빠진 철자를 채운 후, 단어와 우리말 뜻을 쓰세요.

doctor [다악터r] → □o□tor

doctor

뜻 _____

nurse [너어r쓰] → n□rse

nurse

뜻 _____

cook [쿡] → c□□k

cook

뜻 _____

farmer [파아r머r] → □ar□er

farmer

뜻 _____

pilot [파일럴] → □i□ot

pilot

뜻 _____

문장으로 확인해요   He is a doctor.
그는 의사야.

Choose & Circle

A 다음 색으로 된 단어에 알맞은 우리말 뜻을 골라 동그라미 하세요.

문장 듣기

1 He is a farmer.

[히 이즈 어 파아r머r]

그는   간호사 / 농부   야.

2 She is a cook.

[쉬 이즈 어 쿡]

그녀는   의사 / 요리사   야.

3 He is a pilot.

[히 이즈 어 파일럿]

그는   조종사 / 요리사   야.

4 He is a doctor.

[히 이즈 어 다악터r]

그는   농부 / 의사   야.

5 She is a nurse.

[쉬 이즈 어 너어r쓰]

그녀는   간호사 / 조종사   야.

배운 단어로 문장을 이해해요!

> 어른과 아이 상관없이 남자는 he(그)로, 여자는 she(그녀)로 써요.

> 직업을 말할 때는 He[She] is a 뒤에 직업을 나타내는 단어를 붙여 '그[그녀]는 ~(직업)이야.'라고 해요.
(He is a doctor. 그는 의사야. / She is a nurse. 그녀는 간호사야.)

78

B 다음 그림에 맞게 알맞은 단어를 골라 문장을 완성하세요.

| nurse | farmer | cook | pilot | doctor |

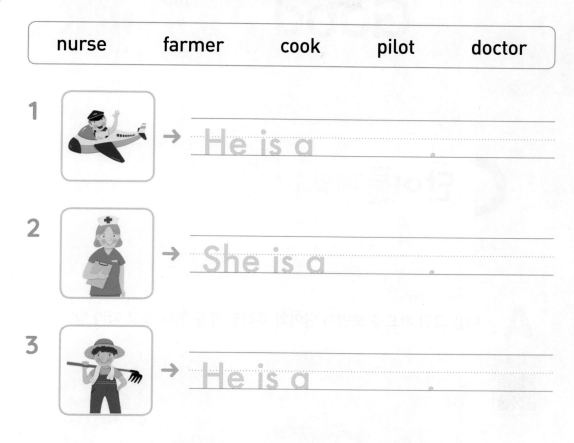

1 → He is a _____ .

2 → She is a _____ .

3 → He is a _____ .

C 다음 우리말에 맞게 카드를 배열한 후, 완성된 문장을 큰 소리로 읽으세요.

1 그녀는 요리사야.

| is | she | a | cook | . |

→ _____

2 그는 의사야.

| doctor | a | is | he | . |

→ _____

18 Good morning.

단어를 배워요

A 다음 그림 카드를 보면서 단어와 우리말 뜻을 함께 듣고 따라 말하세요.

단어 듣기

morning
아침

noon
정오

afternoon
오후

evening
저녁

night
밤

B 다음 단어를 읽고 빠진 철자를 채운 후, 단어와 우리말 뜻을 쓰세요.

morning   [모오r닝] → ☐orni☐☐

morning

뜻

noon   [누운] → ☐oo☐

noon

뜻

[애프터r 누운]

afternoon → ☐ft☐rn☐☐n

afternoon

뜻

evening   [이-브닝] → ☐☐ening

evening

뜻

night   [나이트] → n☐gh☐

night

뜻

문장으로 확인해요

Look & Match

A 다음 그림에 맞게 색으로 된 알맞은 단어와 우리말 뜻을 연결하세요.

문장 듣기

1  • • 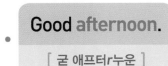 Good afternoon.
[굳 애프터r누운] • • 저녁

2  • • 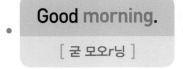 Good morning.
[굳 모오r닝] • • 오후

3  • •  Good night.
[굳 나이트] • • 밤

4  • • 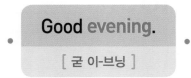 Good evening.
[굳 아-브닝] • • 아침

배운 단어로 문장을 이해해요!

> good은 '좋은'이라는 뜻을 나타내요.
> 때에 맞게 상대방에게 인사할 때는 Good 뒤에 때를 나타내는 단어를 붙여 '좋은 ~야.' 즉, '안녕.'이라고 해요.
> (Good morning. (아침 인사) 안녕.)
> Good night.은 주로 잠자기 전에 하는 인사로 '잘 자.'라고 해요.
> noon도 때를 나타내는 단어이지만 Good 뒤에 붙여서 인사하는 말로는 쓰이지 않아요.

Choose & Write

B

다음 우리말에 맞게 알맞은 단어를 골라 문장을 완성하세요.

| night   afternoon   evening   morning   noon |

1 잘 자.

→ Good

2 (저녁 인사) 안녕.

→ Good

3 (오후 인사) 안녕.

→ Good

Write & Speak

C

다음 우리말에 맞게 알맞은 카드를 골라 배열한 후, 완성된 문장을 큰 소리로 읽으세요.

1 (아침 인사) 안녕.

| good | noon | morning | . |

→

2 잘 자.

| night | good | evening | . |

→

19 Open **the door, please.**

단어를 배워요

Listen & Speak

A 다음 그림 카드를 보면서 단어와 우리말 뜻을 함께 듣고 따라 말하세요.

단어 듣기

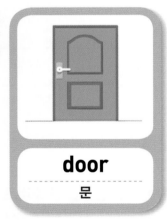
door
문

window
창문

open
열다

close
닫다

push
밀다

pull
당기다

B 다음 단어를 읽고 빠진 철자를 채운 후, 단어와 우리말 뜻을 쓰세요.

door [도어r] → d ☐ ☐ r

door 뜻

window [윈도우] → ☐ ☐ ndow

window 뜻

open [오우픈] → o ☐ en

open 뜻

close [클로우즈] → ☐ lo ☐ e

close 뜻

push [푸쉬] → pu ☐ ☐

push 뜻

pull [풀] → pu ☐ ☐

pull 뜻

문장으로 확인해요   Open the door, please.
문을 열어주세요.

Choose & Circle

A 다음 색으로 된 단어에 알맞은 우리말 뜻을 골라 동그라미 하세요.

문장 듣기

1 Open the door, please.

[오우픈 더 도어*r* 플리즈]

문
창문

2 Close the door, please.

[클로우즈 더 도어*r* 플리즈]

닫다
밀다

3 Open the window, please.

[오우픈 더 윈도우 플리즈]

열다
닫다

4 Close the window, please.

[클로우즈 더 윈도우 플리즈]

창문
문

5 Pull the door, please.

[풀 더 도어*r* 플리즈]

열다
당기다

6 Push the door, please.

[푸쉬 더 도어*r* 플리즈]

밀다
당기다

배운 단어로 문장을 이해해요!

> '~해 주세요.'라고 상대방에게 공손하게 지시할 때는 <명령문＋, please.>로 표현해요.

> 지시하는 말인 Open the door 뒤에 ,(콤마) please를 붙여 Open the door, please.가 되면 '문을 열어.'가 아니라 '문을 열어주세요.'라는 공손한 표현이 돼요.

B

Choose & Write

다음 그림과 우리말에 맞게 알맞은 단어를 골라 문장을 완성하세요.

open	pull	close	push

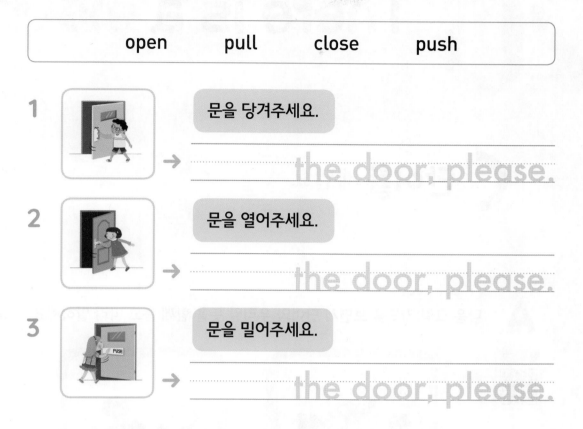

1 문을 당겨주세요.

→ _____ the door, please.

2 문을 열어주세요.

→ _____ the door, please.

3 문을 밀어주세요.

→ _____ the door, please.

C

Write & Speak

다음 우리말에 맞게 카드를 배열한 후, 완성된 문장을 큰 소리로 읽으세요.

1 문을 닫아주세요.

| close | door | the | , | please | . |

→ _____

2 창문을 열어주세요.

| open | please | the | window | , | . |

→ _____

20

There is a mouse.

단어를 배워요

Listen & Speak

A 다음 그림 카드를 보면서 단어와 우리말 뜻을 함께 듣고 따라 말하세요.

단어 듣기

mouse
쥐

snake
뱀

turtle
거북이

frog
개구리

iguana
이구아나

B 다음 단어를 읽고 빠진 철자를 채운 후, 단어와 우리말 뜻을 쓰세요.

mouse [마우ㅆ] → m ☐ ☐ se

mouse

뜻 ☐

snake [스네이크] → sn ☐ ke

snake

뜻 ☐

→ t는 r발음이 나요.

turtle [터어r 를] → ☐ ur ☐ le

turtle

뜻 ☐

frog [프러그] → fro ☐

frog

뜻 ☐

iguana [이그와아나] → ☐ g ☐ ☐ na

iguana

뜻 ☐

문장으로 확인해요

There is a mouse.
쥐가 있어.

Look & Match

A 다음 그림에 맞게 색으로 된 알맞은 단어와 우리말 뜻을 연결하세요.

 문장 듣기

1   There is a snake.
[데어*r* 이즈 어 스네이크]
   개구리

2    There is a mouse.
[데어*r* 이즈 어 마우ㅆ]
   뱀

3   There is a frog.
[데어*r* 이즈 어 프러그]
   이구아나

4   There is a turtle.
[데어*r* 이즈 어 터어*r*를]
   쥐

5   There is an iguana.
[데어*r* 이즈 언 이그와아나]
   거북이

배운 단어로 문장을 이해해요!

> '~(동물)이 있어.'라고 말할 때는 There is a(an) 뒤에 동물을 나타내는 단어를 붙여 표현해요.
> (There is a mouse. 쥐가 있어.)

> there는 '거기'라는 뜻을 나타내지만, 여기서는 There is(~이 있다)의 쓰임으로 아무런 의미가 없는 단어이므로 '거기'라고 해석하지 않아요.

> iguana는 모음 i로 시작하므로 단어 앞에 an을 써요.

Choose & Write

B 다음 우리말에 맞게 알맞은 단어를 골라 문장을 완성하세요.

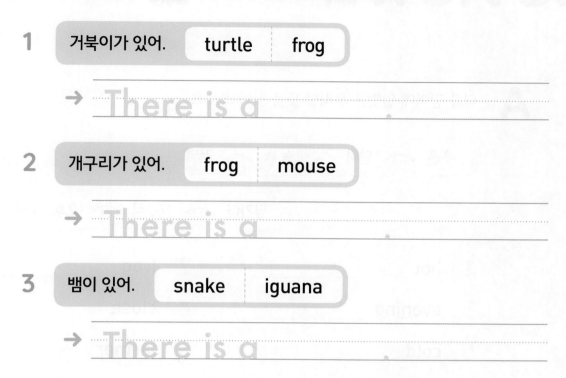

1 거북이가 있어.   turtle   frog

→ There is a _____.

2 개구리가 있어.   frog   mouse

→ There is a _____.

3 뱀이 있어.   snake   iguana

→ There is a _____.

Write & Speak

C 다음 우리말에 맞게 카드를 배열한 후, 완성된 문장을 큰 소리로 읽으세요.

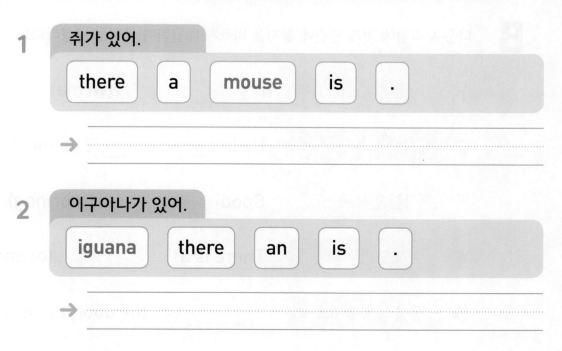

1 쥐가 있어.

there   a   mouse   is   .

→ _____

2 이구아나가 있어.

iguana   there   an   is   .

→ _____

91

Review | 16-20 |

A 다음 단어에 알맞은 우리말 뜻을 찾아 쓰세요.

추운 — 닫다 — 농부 — 저녁

당기다 — 개구리 — 오후 — 더운

1 hot _____

2 frog _____

3 evening _____

4 close _____

5 cold _____

6 farmer _____

7 pull _____

8 afternoon _____

B 다음 우리말에 맞게 빈칸에 철자를 바르게 배열하여 문장을 완성하세요.

1 따뜻해. ▸ It's _____. (wrma)

2 그는 의사야. ▸ He is a _____. (octodr)

3 (아침 인사) 안녕. ▸ Good _____. (morinng)

4 쥐가 있어. ▸ There is a _____. (osmue)

5 문을 열어주세요. ▸ _____ the door, please. (pone)

C

Let's Play

다음 우리말 뜻에 알맞은 단어를 찾아 동그라미 한 후, 빈칸에 쓰세요.

p	n	o	o	n	t	t
i	s	i	w	c	a	u
l	w	e	d	o	g	r
o	i	o	b	o	e	t
t	o	a	k	l	n	l
r	u	h	y	f	o	e
j	c	o	o	k	s	e

1 요리사 _____

2 거북이 _____

3 문 _____

4 시원한 _____

5 정오 _____

6 조종사 _____

D

Let's Play

다음 사다리를 타면서 그림과 단어가 일치하면 ○표, 일치하지 않으면 X표 하세요.

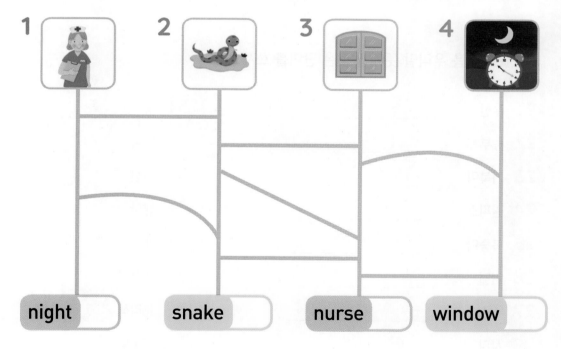

1   2   3   4

night   snake   nurse   window

실력 Test

A

Step 1 다음 우리말 뜻에 알맞은 단어에 ✓ 하세요.

01 물	☐ soda	☐ water	11 식물	☐ plant ☐ tree
02 시계	☐ clock	☐ album	12 치마	☐ shirt ☐ skirt
03 넷	☐ five	☐ four	13 걷다	☐ walk ☐ work
04 운전하다	☐ drive	☐ dive	14 밥	☐ salad ☐ rice
05 슬픈	☐ sleepy	☐ sad	15 시원한	☐ cold ☐ cool
06 키위	☐ pear	☐ kiwi	16 저녁	☐ evening ☐ night
07 흰색	☐ white	☐ gray	17 호랑이	☐ tiger ☐ lion
08 (키가) 작은	☐ tall	☐ short	18 요리사	☐ nurse ☐ cook
09 발	☐ leg	☐ foot	19 밀다	☐ pull ☐ push
10 예쁜	☐ pretty	☐ ugly	20 열	☐ ten ☐ two

Step 2 다음 우리말 뜻에 알맞은 단어를 쓰세요.

21 우산	_____	31 목	_____
22 농부	_____	32 닫다	_____
23 거북이	_____	33 어린	_____
24 원피스	_____	34 날다	_____
25 복숭아	_____	35 셋	_____
26 여덟	_____	36 개구리	_____
27 주스	_____	37 보라색	_____
28 사자	_____	38 나뭇잎	_____
29 화난	_____	39 청소하다	_____
30 오후	_____	40 카메라	_____

B

Step 1 다음 단어에 알맞은 우리말 뜻에 ✔ 하세요.

01 **arm** ☐ 손 ☐ 팔
02 **hungry** ☐ 졸리운 ☐ 배고픈
03 **brown** ☐ 검은색 ☐ 갈색
04 **melon** ☐ 멜론 ☐ 레몬
05 **jump** ☐ 달리다 ☐ 점프하다
06 **noon** ☐ 정오 ☐ 오후
07 **eat** ☐ 마시다 ☐ 먹다
08 **snake** ☐ 거북이 ☐ 뱀
09 **coat** ☐ 코트 ☐ 모자
10 **seven** ☐ 여덟 ☐ 일곱

11 **soda** ☐ 탄산음료 ☐ 우유
12 **two** ☐ 셋 ☐ 둘
13 **hot** ☐ 더운 ☐ 따뜻한
14 **pilot** ☐ 조종사 ☐ 의사
15 **panda** ☐ 곰 ☐ 판다
16 **tea** ☐ 차 ☐ 주스
17 **door** ☐ 문 ☐ 창문
18 **leg** ☐ 목 ☐ 다리
19 **nine** ☐ 일곱 ☐ 아홉
20 **steak** ☐ 스테이크 ☐ 샐러드

Step 2 다음 단어에 알맞은 우리말 뜻을 쓰세요.

21 album _____
22 dive _____
23 gray _____
24 sleepy _____
25 nurse _____
26 foot _____
27 iguana _____
28 salad _____
29 five _____
30 shirt _____

31 old _____
32 night _____
33 cold _____
34 work _____
35 spaghetti _____
36 pull _____
37 bear _____
38 ugly _____
39 rainbow _____
40 strawberry _____

실력 Test

C Step 1 다음 우리말에 맞게 빈칸에 알맞은 단어를 쓰세요.

01 (아침 인사) 안녕. → Good _____ .

02 그녀는 (키가) 커. → She is _____ .

03 쥐가 있어. → There is a _____ .

04 나는 행복해. → I'm _____ .

05 함께 놀자. → Let's _____ together.

06 나는 춤출 수 없어. → I can't _____ .

07 그것은 분홍색 공이야. → It's _____ ball.

08 네 손을 만져봐. → Touch your _____ .

09 따뜻해. → It's _____ .

10 나는 책 한 권을 가지고 있어. → I have _____ book.

11 문을 열어주세요. → _____ the door, please.

Step 2 다음 영어 문장에 맞게 빈칸에 알맞은 우리말 뜻을 쓰세요.

12 I drink milk. → 나는 _____를 마셔.

13 He is a doctor. → 그는 _____야.

14 I am six years old. → 나는 _____ 살이야.

15 Do you like lemons? → 너는 _____을 좋아하니?

16 We eat pizza. → 우리는 _____를 먹어.

17 This is a bag. → 이것은 _____이야.

18 Close the window, please. → _____을 닫아주세요.

19 How many monkeys? → _____는 몇 마리니?

20 Is this your cap? → 이것은 네 _____니?

21 Look at the flower. → 저 _____을 봐.

완자

공부력

정답

초등 영어 영단어 **3B**

정답
QR 코드

완자

공부력 가이드

완자 공부력 시리즈는
앞으로도 계속 출간될 예정입니다.

**국어
맞춤법
바로 쓰기**
1~2학년용
4책

쓰기력

**전과목
어휘**
1~6학년용
12책

**전과목
한자
어휘**
1~6학년용
12책

**영어
파닉스**
1~2학년용
2책

**영어
영단어**
3~6학년용
8책

어휘력

**국어
독해**
1~6학년용
12책

**한국사
독해**
인물편
3~6학년용
4책

**한국사
독해**
시대편
3~6학년용
4책

독해력

**수학
계산**
1~6학년용
12책

계산력

완자 공부력 시리즈로 공부 근육을 키워요!

매일 성장하는
초등 자기개발서

Ⓦ 완자
공부력

학습의 기초가 되는 읽기, 쓰기, 셈하기와 관련된
공부력을 키워야 여러 교과를 터득하기 쉬워집니다.
또한 어휘력과 독해력, 쓰기력, 계산력을 바탕으로 한
'공부력'은 자기주도 학습으로 상당한 단계까지 올라갈 수
있는 밑바탕이 되어 줍니다. 그래서 매일 꾸준한 학습이
가능한 **'완자 공부력 시리즈'**로 공부하면 **자기주도 학습이**
가능한 튼튼한 공부 근육을 키울 수 있을 것이라 확신합니다.

효과적인 공부력 강화 계획을 세워요!

○ 학년별 공부 계획

내 학년에 맞게 꾸준하게 공부 계획을 세워요!

		1-2학년	3-4학년	5-6학년
기본	독해	국어 독해 1A 1B 2A 2B	국어 독해 3A 3B 4A 4B	국어 독해 5A 5B 6A 6B
	계산	수학 계산 1A 1B 2A 2B	수학 계산 3A 3B 4A 4B	수학 계산 5A 5B 6A 6B
	어휘	전과목 어휘 1A 1B 2A 2B	전과목 어휘 3A 3B 4A 4B	전과목 어휘 5A 5B 6A 6B
		파닉스 1 2	영단어 3A 3B 4A 4B	영단어 5A 5B 6A 6B
확장	어휘	전과목 한자 어휘 1A 1B 2A 2B	전과목 한자 어휘 3A 3B 4A 4B	전과목 한자 어휘 5A 5B 6A 6B
	쓰기	맞춤법 바로 쓰기 1A 1B 2A 2B		
	독해		한국사 독해 인물편 1 2 3 4	
			한국사 독해 시대편 1 2 3 4	

◎ 시기별 공부 계획

학기 중에는 **기본**, 방학 중에는 **기본 + 확장**으로 공부 계획을 세워요!

방학 중			
학기 중			
기본			확장
독해	계산	어휘	어휘, 쓰기, 독해
국어 독해	수학 계산	전과목 어휘	전과목 한자 어휘
		파닉스(1~2학년) 영단어(3~6학년)	맞춤법 바로 쓰기(1~2학년) 한국사 독해(3~6학년)

예시 **초1 학기 중 공부 계획표** 주 5일 하루 3과목 (45분)

월	화	수	목	금
국어 독해	국어 독해	국어 독해.	국어 독해	국어 독해
수학 계산	수학 계산	수학 계산	수학 계산	수학 계산
전과목 어휘	파닉스	전과목 어휘	전과목 어휘	파닉스

예시 **초4 방학 중 공부 계획표** 주 5일 하루 4과목 (60분)

월	화	수	목	금
국어 독해	국어 독해	국어 독해	국어 독해	국어 독해
수학 계산	수학 계산	수학 계산	수학 계산	수학 계산
전과목 어휘	영단어	전과목 어휘	전과목 어휘	영단어
한국사 독해 인물편	전과목 한자 어휘	한국사 독해 인물편	전과목 한자 어휘	한국사 독해 인물편

3A

단어 수: 100개

- 교육부 지정 초등 필수 영단어 및 초등 교과서 학년별 필수 영단어 수록
- 시리즈 전체 총 단어 수 824개

01	**It is a desk.**	• desk 책상 • chair 의자 • sofa 소파 • bed 침대 • table 식탁
02	Go.	• go 가다 • come 오다 • stop 멈추다 • sit 앉다 • stand 서다
03	**This is my eye.**	• eye 눈 • ear 귀 • nose 코 • mouth 입 • face 얼굴
04	**I have a pencil.**	• pencil 연필 • ruler 자 • pen 펜 • textbook 교과서 • eraser 지우개 • have 가지다
05	**It is red.**	• red 빨간색 • blue 파란색 • green 초록색 • yellow 노란색 • black 검은색
06	**I like apples.**	• apple 사과 • banana 바나나 • orange 오렌지 • grape 포도 • pear 배 • like 좋아하다
07	**Do you have a dog?**	• dog 개 • cat 고양이 • bird 새 • rabbit 토끼 • fish 물고기
08	**It is my book.**	• book 책 • doll 인형 • robot 로봇 • ball 공 • bat 방망이
09	**I can sing.**	• sing 노래하다 • swim 수영하다 • cook 요리하다 • skate 스케이트를 타다 • ski 스키를 타다
10	**It is big.**	• big (크기가) 큰 • small (크기가) 작은 • long (길이가) 긴 • short (길이가) 짧은
11	**I don't like onions.**	• onion 양파 • carrot 당근 • potato 감자 • tomato 토마토 • corn 옥수수
12	**Is it a pig?**	• pig 돼지 • cow 소 • horse 말 • chicken 닭 • duck 오리
13	**This is my mom.**	• mom 엄마 • dad 아빠 • sister 여자 형제(언니, 누나, 여동생) • brother 남자 형제(형, 오빠, 남동생) • family 가족
14	**I don't have a crayon.**	• crayon 크레용 • notebook 공책 • pencil case 필통 • glue 풀 • scissors 가위
15	**I want candy.**	• candy 사탕 • ice cream 아이스크림 • pie 파이 • chocolate 초콜릿 • dessert 디저트 • want 원하다
16	**That is a car.**	• car 자동차 • bus 버스 • train 기차 • ship 배 • airplane 비행기
17	**Look at the sun.**	• sun 해 • moon 달 • cloud 구름 • star 별 • sky 하늘 • look 보다
18	**We buy cheese.**	• cheese 치즈 • bread 빵 • ham 햄 • butter 버터 • jam 잼 • buy 사다
19	**It is sunny.**	• sunny 화창한 • rainy 비가 오는 • snowy 눈이 오는 • cloudy 흐린, 구름이 낀 • windy 바람이 부는 • foggy 안개가 낀
20	**Don't run.**	• run 달리다, 뛰다 • talk 말하다 • touch 만지다 • drink 마시다 • enter 들어오다

3B

단어 수: 101개

01	**This is a** bag.	• bag 가방 • camera 카메라 • clock 시계 • album 앨범 • umbrella 우산
02	**It's a** pink **ball.**	• pink 분홍색 • white 흰색 • brown 갈색 • gray 회색 • purple 보라색
03	**How many** monkeys?	• monkey 원숭이 • tiger 호랑이 • lion 사자 • bear 곰 • panda 판다
04	**I have** one **book.**	• one 1, 하나 • two 2, 둘 • three 3, 셋 • four 4, 넷 • five 5, 다섯
05	**I am** six **years old.**	• six 6, 여섯 • seven 7, 일곱 • eight 8, 여덟 • nine 9, 아홉 • ten 10, 열
06	**Touch your** hand.	• hand 손 • neck 목 • arm 팔 • leg 다리 • foot 발
07	**Do you like** lemons?	• lemon 레몬 • melon 멜론 • kiwi 키위 • peach 복숭아 • strawberry 딸기
08	**I can't** dance.	• dance 춤추다 • jump 점프하다 • dive 다이빙하다 • fly 날다 • drive 운전하다
09	**I drink** milk.	• milk 우유 • juice 주스 • water 물 • soda 탄산음료 • tea 차
10	**She is** tall.	• tall (키가) 큰 • short (키가) 작은 • old 나이가 많은 • young 어린 • pretty 예쁜 • ugly 못생긴
11	**Is this your** cap?	• cap 모자 • skirt 치마 • dress 원피스, 드레스 • shirt 셔츠 • coat 코트
12	**Let's** play **together.**	• play 놀다 • walk 걷다 • clean 청소하다 • work 일하다 • eat 먹다 • together 함께
13	**Look at the** flower.	• flower 꽃 • tree 나무 • leaf 나뭇잎 • plant 식물 • rainbow 무지개
14	**We eat** pizza.	• pizza 피자 • salad 샐러드 • rice 밥, 쌀 • steak 스테이크 • spaghetti 스파게티
15	**I'm** happy.	• happy 행복한 • sad 슬픈 • angry 화난 • hungry 배고픈 • sleepy 졸리운
16	**It's** warm.	• warm 따뜻한 • hot 더운 • cool 시원한 • cold 추운
17	**He is a** doctor.	• doctor 의사 • nurse 간호사 • cook 요리사 • farmer 농부 • pilot 조종사
18	**Good** morning.	• morning 아침 • noon 정오 • afternoon 오후 • evening 저녁 • night 밤 • good 좋은
19	**Open the** door, **please.**	• door 문 • window 창문 • open 열다 • close 닫다 • push 밀다 • pull 당기다
20	**There is a** mouse.	• mouse 쥐 • snake 뱀 • turtle 거북이 • frog 개구리 • iguana 이구아나

4A

초등 필수 영단어 완벽 정복

01	**I love my mother.**	• mother 어머니　• father 아버지　• grandmother 할머니　• grandfather 할아버지　• parents 부모　• love 사랑하다
02	**This is my head.**	• head 머리　• tooth 이　• shoulder 어깨　• finger 손가락　• toe 발가락
03	**Here is a brush.**	• brush 붓　• watch 손목시계　• basket 바구니　• paper 종이　• tape (접착용) 테이프
04	**Is she a dentist?**	• dentist 치과 의사　• singer 가수　• dancer 댄서, 무용가　• baker 제빵사　• driver 운전사
05	**It's time for breakfast.**	• breakfast 아침 식사　• school 학교　• lunch 점심 식사　• dinner 저녁 식사　• bed 취침 (시간)　• time 시간
06	**Let's play soccer.**	• soccer 축구　• baseball 야구　• basketball 농구　• tennis 테니스　• badminton 배드민턴　• play 경기를 하다
07	**Are you busy?**	• busy 바쁜　• full 배부른　• sick 아픈　• tired 피곤한　• thirsty 목마른
08	**Do you like chicken?**	• chicken 닭고기　• fish 생선, 물고기　• pork 돼지고기　• beef 소고기　• meat 고기　• like 좋아하다
09	**He is eleven years old.**	• eleven 11, 열하나　• twelve 12, 열둘　• thirteen 13, 열셋　• fourteen 14, 열넷　• fifteen 15, 열다섯
10	**There are sixteen pencils.**	• sixteen 16, 열여섯　• seventeen 17, 열일곱　• eighteen 18, 열여덟　• nineteen 19, 열아홉　• twenty 20, 스물　• pencil 연필
11	**It's my cake.**	• cake 케이크　• candle 초　• present 선물　• birthday 생일　• party 파티
12	**Do you know the boy?**	• boy 소년　• girl 소녀　• man 남자　• woman 여자　• gentleman 신사　• lady 숙녀　• know 알다
13	**Look at the giraffe.**	• giraffe 기린　• wolf 늑대　• elephant 코끼리　• fox 여우　• zebra 얼룩말　• look 보다
14	**He is handsome.**	• handsome 잘생긴　• beautiful 아름다운　• fat 뚱뚱한　• thin 마른　• cute 귀여운
15	**I am listening.**	• listen 듣다　• read 읽다　• draw (연필로) 그리다　• paint (물감으로) 그리다　• cut 자르다
16	**Put on your hat.**	• hat (테가 있는) 모자　• scarf 스카프, 목도리　• jacket 재킷, (셔츠 위에 입는) 상의　• pants 바지　• shoes 신발　• put on ~을 입다　• take off ~을 벗다
17	**I'm going to the zoo.**	• zoo 동물원　• park 공원　• bank 은행　• hospital 병원　• market 시장　• go 가다
18	**Do you want some soup?**	• soup 수프　• curry 카레　• hamburger 햄버거　• egg 달걀　• cookie 쿠키　• want 원하다　• some 약간의
19	**I can get there by bicycle.**	• bicycle 자전거　• subway 지하철　• taxi 택시　• boat 보트, (작은) 배　• helicopter 헬리콥터
20	**I want a bottle of water.**	• bottle 병, 통　• bowl 그릇, 사발　• cup 컵, 잔　• glass (유리)잔　• water 물　• rice 밥, 쌀　• tea 차　• milk 우유

01	**What is your name?**	• name 이름　• hobby 취미　• dream 꿈　• address 주소　• number 번호, 숫자 • phone number 전화번호
02	**There is a picture.**	• picture 그림, 사진　• mirror 거울　• fan 선풍기　• lamp 램프, 등　• vase 꽃병
03	**It's a roof.**	• roof 지붕　• wall 벽　• floor 바닥　• room 방　• house 집
04	**This is a blackboard.**	• blackboard 칠판　• locker 사물함　• student 학생　• teacher 선생님 • classroom 교실
05	**He is my uncle.**	• uncle (외)삼촌, 이모부, 고모부　• aunt 이모, 고모, (외)숙모　• cousin 사촌 • son 아들　• daughter 딸
06	**Where is the library?**	• library 도서관　• church 교회　• bakery 제과점　• post office 우체국 • police station 경찰서
07	**It's on the desk.**	• on ~ 위에　• under ~ 아래에　• in ~ 안에　• next to ~ 옆에　• desk 책상 • bag 가방
08	**I don't like ants.**	• ant 개미　• bee 벌　• spider 거미　• butterfly 나비　• bug 벌레, 작은 곤충
09	**He is a scientist.**	• scientist 과학자　• writer 작가　• actor 배우　• designer 디자이너　• model 모델
10	**Can you play the piano?**	• piano 피아노　• guitar 기타　• violin 바이올린　• flute 플루트　• cello 첼로 • play (악기를) 연주하다
11	**How much are the socks?**	• socks 양말　• jeans 청바지　• shorts 반바지　• gloves 장갑 • mittens 벙어리장갑
12	**She is sleeping.**	• sleep (잠을) 자다　• study 공부하다　• cry 울다　• smile 웃다, 미소 짓다 • write 쓰다
13	**The wall is high.**	• high 높은　• low 낮은　• old 오래된　• new 새로운
14	**It's one thirty.**	• thirty 30, 서른　• forty 40, 마흔　• fifty 50, 쉰　• twenty-five 25, 스물다섯 • o'clock ~시 (정각)
15	**It's sixty dollars.**	• sixty 60, 예순　• seventy 70, 일흔　• eighty 80, 여든　• ninety 90, 아흔 • hundred 100, 백　• thousand 1000, 천　• dollar 달러
16	**She has a baby.**	• baby 아기　• child 아이, 어린이　• friend 친구　• husband 남편　• wife 아내 • have ~이 있다
17	**I enjoy camping.**	• camping 캠핑　• hiking 하이킹　• jogging 조깅　• swimming 수영　• fishing 낚시 • enjoy 즐기다
18	**It takes three minutes.**	• minute 분　• hour 시간　• day 일, 하루　• week 주, 일주일　• month 달, 월, 개월 • year 해, 년(年)　• take (시간이) 걸리다
19	**It's Monday.**	• Monday 월요일　• Tuesday 화요일　• Wednesday 수요일　• Thursday 목요일 • Friday 금요일　• Saturday 토요일　• Sunday 일요일
20	**I can't find my key.**	• key 열쇠　• wallet 지갑　• drone 드론, 무인 항공기　• glasses 안경 • cell phone 휴대전화　• find 찾다, 발견하다

5A 단어 수: 103개

01	**Whose** kite **is this?**	• kite 연 • jump rope 줄넘기 줄 • purse 지갑 • balloon 풍선 • backpack 배낭
02	**Can you** kick **the ball?**	• kick (발로) 차다 • hit (공을) 치다 • throw 던지다 • catch 잡다 • pass 건네주다, 패스하다
03	**I am in the** bedroom.	• bedroom 침실 • living room 거실 • bathroom 화장실, 욕실 • kitchen 부엌 • dining room 식당
04	**There is a** stove **in the kitchen.**	• stove 가스레인지 • sink 싱크대, 개수대 • oven 오븐 • pan 팬, 프라이팬 • pot 냄비
05	**Where is the** hotel?	• hotel 호텔 • museum 박물관 • bookstore 서점 • theater 극장, 영화관 • department store 백화점
06	**It's** beside **my house.**	• beside ~ 옆에 • in front of ~ 앞에 • behind ~ 뒤에 • across from ~ 맞은편에 • between ~ 사이에
07	**My shoes are** clean.	• clean 깨끗한 • dirty 더러운 • dry 마른 • wet 젖은 • cheap (값이) 싼 • expensive (값이) 비싼
08	**Which way is** east?	• east 동쪽 • west 서쪽 • south 남쪽 • north 북쪽
09	**I am from** Korea.	• Korea 한국 • China 중국 • Japan 일본 • the U.S.A. 미국 • Canada 캐나다
10	**This is a** Korean **flag.**	• Korean 한국의, 한국어 • Chinese 중국의, 중국어 • Japanese 일본의, 일본어 • American 미국의 • Canadian 캐나다의 • flag 깃발
11	**My favorite subject is** English.	• English 영어 • math 수학 • science 과학 • subject 과목 • favorite 가장 좋아하는
12	**Mary is a** smart **girl.**	• smart 똑똑한 • kind 친절한 • shy 수줍음이 많은 • honest 정직한 • brave 용감한
13	**I want to be a** chef.	• chef 요리사, 주방장 • painter 화가 • firefighter 소방관 • police officer 경찰관 • vet 수의사
14	**It** smell**s good.**	• smell 냄새가 나다 • sound 들리다 • taste 맛이 나다 • feel 느끼다 • look 보이다
15	**Do you like** hippo**s?**	• hippo 하마 • parrot 앵무새 • kangaroo 캥거루 • penguin 펭귄 • cheetah 치타 • animal 동물
16	**The** building **is very big.**	• building 건물, 빌딩 • tower 탑, 타워 • bridge 다리 • palace 궁, 궁전 • street 거리, 길
17	**Can you turn on the** computer?	• computer 컴퓨터 • television 텔레비전 • radio 라디오 • light 전등, 불빛 • smartphone 스마트폰 • turn on (전자기기 등을) 켜다 • turn off (전자기기 등을) 끄다
18	**Let's go** bowling.	• bowling 볼링 • surfing 서핑, 파도타기 • in-line skating 인라인 스케이트 타기 • cycling 사이클링, 자전거 타기 • snowboarding 스노보드 타기
19	**This** pumpkin **is fresh.**	• pumpkin 호박 • cucumber 오이 • cabbage 양배추 • garlic 마늘 • vegetable 채소 • fresh 신선한
20	**I want to** make **a kite.**	• make 만들다 • grow 키우다, 재배하다 • learn 배우다 • win 이기다 • collect 수집하다, 모으다 • game 게임 • sticker 스티커

초등 필수 영단어 완전 정복 5학년

단어 수: 105개

01	Do you like art class?	• art 미술, 예술 • music 음악 • P.E. 체육 • history 역사 • social studies 사회 • class 수업, 반
02	I will call Sam tonight.	• call 전화하다 • meet 만나다 • visit 방문하다 • help 돕다, 도와주다 • join 함께하다 • tonight 오늘밤
03	I'm going to travel to France.	• France 프랑스 • Germany 독일 • Spain 스페인 • Italy 이탈리아 • the U.K. 영국 • travel 여행하다
04	Can you speak French?	• French 프랑스어, 프랑스의 • German 독일어, 독일의 • Spanish 스페인어, 스페인의 • Italian 이탈리아어, 이탈리아의 • speak 말하다
05	How was your trip?	• trip 여행 • vacation 방학 • holiday 휴일, 명절 • concert 공연, 연주회 • movie 영화
06	A dish is on the table.	• dish 접시 • fork 포크 • knife 칼 • spoon 숟가락 • chopsticks 젓가락
07	Is the man strong?	• strong 강한, 힘센 • weak 약한 • fast 빠른 • slow 느린 • rich 부유한 • poor 가난한
08	He is wearing a ring.	• ring 반지 • necklace 목걸이 • earring 귀걸이 • belt 허리띠, 벨트 • wear 착용하다
09	There is a king in the castle.	• king 왕, 국왕 • queen 여왕, 왕비 • prince 왕자 • princess 공주 • castle 성, 궁궐
10	Add some salt.	• salt 소금 • pepper 후추 • sugar 설탕 • oil 기름, 식용유 • sauce 소스, 양념 • add 더하다, 첨가하다
11	I have homework.	• homework 숙제 • question 질문 • test 시험 • quiz 퀴즈, 간단한 시험 • presentation 발표
12	May I borrow your pencil?	• borrow 빌리다 • use 사용하다 • try on (한번) 입어보다 • ask 묻다, 질문하다 • answer 대답하다
13	Eggs are good for your brain.	• brain 뇌, 두뇌 • heart 심장 • bone 뼈 • skin 피부 • body 몸, 신체
14	Be careful!	• careful 조심스러운, 주의 깊은 • quiet 조용한 • patient 참을성(인내심)이 있는 • ready 준비된 • polite 공손한, 예의 바른
15	We can see a hill there.	• hill 언덕 • mountain 산 • field 들판 • desert 사막 • forest 숲
16	We went to the lake.	• lake 호수 • river 강 • sea 바다 • beach 해변, 바닷가 • island 섬 • ocean 바다, 대양
17	Many people live in the town.	• town 소도시, 읍 • city 도시 • country 나라, 국가 • world 세계, 세상 • people 사람들 • live 살다, 생활하다
18	She was excited.	• excited 흥분한, 신이 난 • worried 걱정하는 • surprised 놀란 • scared 두려워하는 • shocked 충격을 받은
19	My dream is to be a musician.	• musician 뮤지션, 음악가 • comedian 코미디언, 희극배우 • announcer 아나운서, 해설자 • photographer 사진사 • movie director 영화감독
20	I'm fixing the bike now.	• fix 고치다, 수선하다 • wash 씻다, 세탁하다 • carry 운반하다, 나르다 • move 옮기다 • bake (빵을) 굽다

6A

단어 수: 108개

01	I like spring the most.	• spring 봄 • summer 여름 • fall 가을 • winter 겨울 • season 계절
02	Is this mango delicious?	• mango 망고 • pineapple 파인애플 • watermelon 수박 • plum 자두 • fruit 과일 • delicious 맛있는
03	I'd like pasta, please.	• pasta 파스타 • noodles 국수 • sandwich 샌드위치 • French fries 감자튀김 • fried rice 볶음밥 • order 주문하다
04	My friend Roy is so healthy.	• healthy 건강한 • calm 차분한 • popular 인기 있는 • lucky 운이 좋은 • funny 재미있는
05	He lives in Mexico.	• Mexico 멕시코 • India 인도 • Vietnam 베트남 • Egypt 이집트 • Australia 호주
06	Are you Mexican?	• Mexican 멕시코인(의) • Indian 인도인(의) • Vietnamese 베트남인(의) • Egyptian 이집트인(의) • Australian 호주인(의)
07	My elbow hurts.	• elbow 팔꿈치 • back 등 • knee 무릎 • ankle 발목 • hurt 아프다
08	Its shape is a circle.	• circle 원, 동그라미 • square 정사각형 • triangle 삼각형 • rectangle 직사각형 • oval 타원 • shape 모양
09	I'm in the sixth grade.	• first 첫 번째의 • second 두 번째의 • third 세 번째의 • fourth 네 번째의 • fifth 다섯 번째의 • sixth 여섯 번째의 • grade 학년
10	It's on the seventh floor.	• seventh 일곱 번째의 • eighth 여덟 번째의 • ninth 아홉 번째의 • tenth 열 번째의 • hundredth 백 번째의 • floor 층
11	How can I get to the gym?	• gym 체육관 • restaurant 음식점, 식당 • supermarket 슈퍼마켓 • airport 공항 • city hall 시청
12	Go straight.	• straight 곧장, 직진하여 • right 오른쪽으로 • left 왼쪽으로 • turn 돌다, 회전하다 • block 블록, 구역
13	Do you believe him?	• believe 믿다 • hate 싫어하다 • miss 그리워하다 • understand 이해하다 • remember 기억하다
14	I love your boots.	• boots 부츠 • sneakers 운동화 • blouse 블라우스 • sweater 스웨터 • vest 조끼 • clothes 의류
15	I go swimming on weekdays.	• weekday 평일 • weekend 주말 • today 오늘 • yesterday 어제 • tomorrow 내일
16	That's easy.	• easy 쉬운 • difficult 어려운 • right 맞은, 옳은 • wrong 틀린, 잘못된 • great 대단한, 훌륭한 • important 중요한
17	My birthday is in January.	• January 1월 • February 2월 • March 3월 • April 4월 • May 5월 • June 6월
18	My dad's birthday is in July.	• July 7월 • August 8월 • September 9월 • October 10월 • November 11월 • December 12월
19	How often do you watch TV?	• watch 보다 • exercise 운동하다 • feed 먹이를 주다 • ride 타다 • practice 연습하다
20	I always watch TV.	• always 항상, 언제나 • usually 보통 • often 종종, 자주 • sometimes 이따금 • never 거의 ~않는

01	**My dad is a** soldier.	• soldier 군인 • astronaut 우주비행사 • lawyer 변호사 • engineer 기사, 기술자 • businessman 사업가
02	**I'm writing a** letter.	• letter 편지 • e-mail 전자우편 • story 이야기 • report 보고서 • diary 일기장, 일기
03	**When is the** school festival**?**	• school festival 학교 축제 • field trip 현장 학습 • New Year's Day 설날, 새해 첫 날 • Children's Day 어린이날 • Christmas 성탄절
04	**The school festival is April** eleventh.	• eleventh 열한 번째 • twelfth 열두 번째 • thirteenth 열세 번째 • twentieth 스무 번째 • twenty-first 스물한 번째
05	**You should wear a** helmet.	• helmet 안전모, 헬멧 • seat belt 안전벨트 • life jacket 구명조끼 • sunglasses 선글라스 • mask 마스크
06	**You have a** headache.	• headache 두통 • stomachache 복통 • toothache 치통 • runny nose 콧물 • fever 열
07	**He has** curly **hair.**	• curly 곱슬곱슬한 • straight 곧은, 곧게 뻗은 • blond 금발의 • wavy 물결모양의 • thick 숱이 많은 • hair 머리카락, (동물의) 털
08	**How** heavy**!**	• heavy 무거운 • deep 깊은 • soft 부드러운 • nice 좋은, 즐거운 • dark 어두운 • wonderful 훌륭한, 멋진
09	Mars **is bigger than** Mercury.	• Mercury 수성 • Venus 금성 • Earth 지구 • Mars 화성 • Jupiter 목성 • Saturn 토성 • space 우주
10	**Is there a** towel **in the bathroom?**	• towel 수건 • toothbrush 칫솔 • toothpaste 치약 • soap 비누 • shampoo 샴푸
11	**Korea is in** Asia.	• America 아메리카 • Europe 유럽 • Asia 아시아 • Africa 아프리카 • Oceania 오세아니아
12	**I think it is** interesting.	• interesting 재미있는 • boring 지루한 • dangerous 위험한 • safe 안전한 • different 다른 • think 생각하다
13	**We need a new** refrigerator.	• refrigerator 냉장고 • vacuum cleaner 진공청소기 • washing machine 세탁기 • microwave 전자레인지
14	**We'll** stay **here.**	• stay 머무르다 • leave 떠나다 • wait 기다리다 • return 돌아오다, 돌아가다 • arrive 도착하다
15	Give **me a towel.**	• give 주다 • show 보여주다 • teach 가르쳐주다 • tell 말해주다
16	**The woman is a** friendly **vet.**	• friendly 다정한 • clever 재치 있는, 영리한 • famous 유명한 • diligent 부지런한 • lazy 게으른
17	**I enjoy eating** sweet **food.**	• sweet 단, 달콤한 • salty 짠, 짭짤한 • spicy 매운, 매콤한 • sour 신, 시큼한 • bitter 쓴, 씁쓸한
18	Shark**s live in the sea.**	• shark 상어 • octopus 문어 • whale 고래 • starfish 불가사리 • dolphin 돌고래
19	**Don't forget to** lock **the door.**	• forget 잊다 • lock 잠그다 • send 보내다 • bring 가져오다 • take 가져가다 • finish 끝마치다
20	**We should** recycle **bottles.**	• recycle 재활용한다 • save 절약하다 • energy 에너지 • reuse 재사용하다 • pick up 줍다 • trash 쓰레기

정답

01

8쪽
9쪽

배운 단어를 확인해요!

bag 가방
camera 카메라
★ clock 시계
album 앨범
umbrella 우산

★ • clock는 벽시계를 의미한다.
• -ck로 끝나는 단어들 중 일부는 c를 따로 발음하지 않고 k[ㅋ]만 발음한다.

A Look & Match
다음 그림에 맞게 색으로 된 알맞은 단어와 우리말 뜻을 연결하세요.

문장 듣기

1 This is a camera. [디쓰 이즈 어 캐머러]
2 This is a bag. [디쓰 이즈 어 백]
3 This is a clock. [디쓰 이즈 어 클라아ㅋ]
4 This is an umbrella. [디쓰 이즈 언 엄브렐라]
5 This is an album. [디쓰 이즈 언 앨범]

가방
우산
카메라
앨범
시계

★ 사물을 가리킬 때 쓰는 대명사에는 this(이것), that(저것), it(그것)이 있다.

배운 단어로 문장을 이해해요!

★ ▸ this는 '이것'이라는 뜻으로 가까이 있는 물건을 가리킬 때 써요.
▸ 가까이 있는 물건을 가리켜 말할 때는 This is a(an) 뒤에 물건을 나타내는 단어를 붙여 '이것은 ~(물건)이야.' 라고 해요. (This is a bag. 이것은 가방이야.)
▸ album과 umbrella는 모음 a와 u로 시작되므로 단어 앞에 an을 써요.

B Choose & Write
다음 우리말에 맞게 알맞은 단어를 골라 문장을 완성하세요.

1 이것은 시계야. bag clock
→ This is a **clock**.

2 이것은 우산이야. umbrella album
→ This is an **umbrella**.

3 이것은 가방이야. camera bag
→ This is a **bag**.

★ 문장의 첫 글자는 대문자로 쓴다.

C Write & Speak
다음 우리말에 맞게 카드를 배열한 후, 완성된 문장을 큰 소리로 읽으세요.

1 이것은 카메라야.
this is camera a .
★→ This is a camera.

2 이것은 앨범이야.
album an is this .
→ This is an album.

코칭 Tip

02

12쪽
13쪽

배운 단어를 확인해요!

pink 분홍색
★ white 흰색
brown 갈색
gray 회색
purple 보라색

★ wh-로 시작하는 단어들 중 일부는 h를 발음하지 않는다.

A Choose & Circle
다음 색으로 된 단어에 알맞은 우리말 뜻을 골라 동그라미 하세요.

문장 듣기

1 It's a purple ball. [잍ㅅ 어 퍼어ㄹ플 보올]   갈색 (보라색)
2 It's a gray ball. [잍ㅅ 어 그레이 보올]   (회색) 흰색
3 It's a brown ball. [잍ㅅ 어 브라운 보올]   분홍색 (갈색)
4 It's a white ball. [잍ㅅ 어 와이트 보올]   (흰색) 보라색
5 It's a pink ball. [잍ㅅ 어 핑ㅋ 보올]   회색 (분홍색)

★ It is는 '(아포스트로피)를 이용하여 It's로 간단히 줄여 쓸 수 있다.

배운 단어로 문장을 이해해요!

★ ▸ It's는 It과 is를 줄여 쓴 말이에요.
▸ '그것은 ~(색) 공이야.'라고 말할 때는 <It's a+색깔을 나타내는 단어+ball>로 표현해요.
(It's a pink ball. 그것은 분홍색 공이야.)

B Choose & Write
다음 그림과 우리말에 맞게 알맞은 단어를 골라 문장을 완성하세요.

white brown pink gray purple

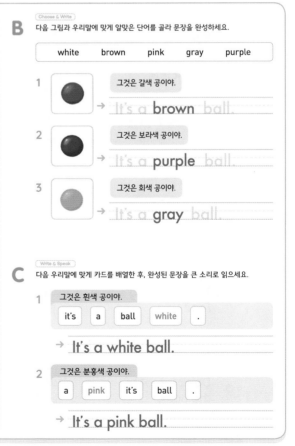

1 그것은 갈색 공이야.
→ It's a **brown** ball.

2 그것은 보라색 공이야.
→ It's a **purple** ball.

3 그것은 회색 공이야.
→ It's a **gray** ball.

C Write & Speak
다음 우리말에 맞게 카드를 배열한 후, 완성된 문장을 큰 소리로 읽으세요.

1 그것은 흰색 공이야.
it's a ball white .
→ It's a white ball.

2 그것은 분홍색 공이야.
a pink it's ball .
→ It's a pink ball.

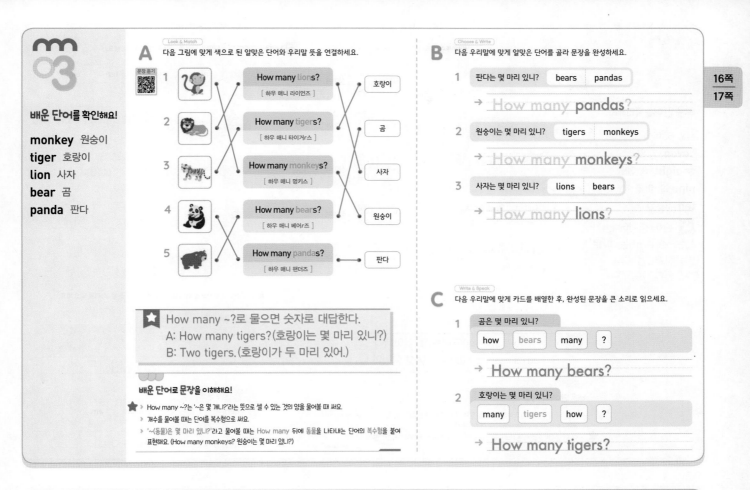

03

배운 단어를 확인해요!

monkey 원숭이
tiger 호랑이
lion 사자
bear 곰
panda 판다

A Look & Match
다음 그림에 맞게 색으로 된 알맞은 단어와 우리말 뜻을 연결하세요.

1. How many lions?
   [하우 매니 라이언즈] — 호랑이
2. How many tigers?
   [하우 매니 타이거스] — 곰
3. How many monkeys?
   [하우 매니 멍키스] — 사자
4. How many bears?
   [하우 매니 베어즈] — 원숭이
5. How many pandas?
   [하우 매니 팬더즈] — 판다

☆ How many ~?로 물으면 숫자로 대답한다.
A: How many tigers?(호랑이는 몇 마리 있니?)
B: Two tigers. (호랑이가 두 마리 있어.)

배운 단어로 문장을 이해해요!

★ ▸ How many ~?는 '~은 몇 개니?'라는 뜻으로 셀 수 있는 것의 양을 물어볼 때 써요.
▸ 개수를 물어볼 때는 단어를 복수형으로 써요.
▸ '~(동물)은 몇 마리 있니?'라고 물어볼 때는 How many 뒤에 동물을 나타내는 단어의 복수형을 붙여 표현해요. (How many monkeys? 원숭이는 몇 마리 있니?)

B Choose & Write
다음 우리말에 맞게 알맞은 단어를 골라 문장을 완성하세요.

1. 판다는 몇 마리 있니? [bears] [pandas]
   → How many **pandas**?
2. 원숭이는 몇 마리 있니? [tigers] [monkeys]
   → How many **monkeys**?
3. 사자는 몇 마리 있니? [lions] [bears]
   → How many **lions**?

C Write & Speak
다음 우리말에 맞게 카드를 배열한 후, 완성된 문장을 큰 소리로 읽으세요.

1. 곰은 몇 마리 있니?
   [how] [bears] [many] [?]
   → How many bears?
2. 호랑이는 몇 마리 있니?
   [many] [tigers] [how] [?]
   → How many tigers?

16쪽 / 17쪽

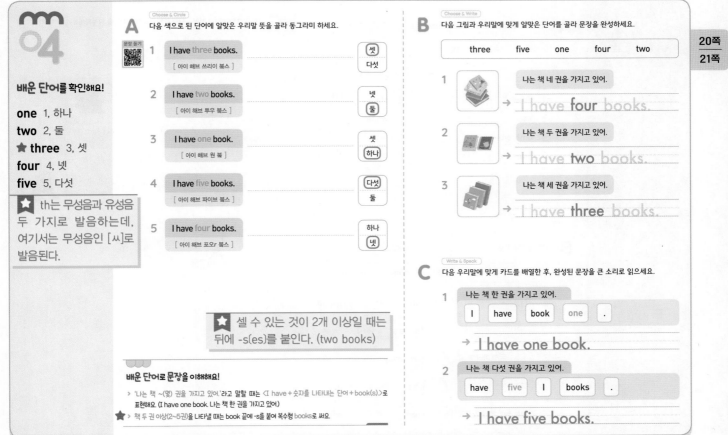

04

배운 단어를 확인해요!

one 1, 하나
two 2, 둘
★ **three** 3, 셋
four 4, 넷
five 5, 다섯

☆ th는 무성음과 유성음 두 가지로 발음하는데, 여기서는 무성음인 [ㅆ]로 발음된다.

A Choose & Circle
다음 색으로 된 단어에 알맞은 우리말 뜻을 골라 동그라미 하세요.

1. I have three books.
   [아이 해브 쓰리이 북스] — 셋 / 다섯
2. I have two books.
   [아이 해브 투우 북스] — 넷 / 둘
3. I have one book.
   [아이 해브 원 북] — 셋 / 하나
4. I have five books.
   [아이 해브 파이브 북스] — 다섯 / 둘
5. I have four books.
   [아이 해브 포우r 북스] — 하나 / 넷

☆ 셀 수 있는 것이 2개 이상일 때는 뒤에 -s(es)를 붙인다. (two books)

배운 단어로 문장을 이해해요!

▸ '나는 책 ~(몇) 권을 가지고 있어.'라고 말할 때는 <I have + 숫자를 나타내는 단어 + book(s).>로 표현해요. (I have one book. 나는 책 한 권을 가지고 있어.)
★ ▸ 책 두 권 이상(2~5권)을 나타낼 때는 book 끝에 -s를 붙여 복수형 books로 써요.

B Choose & Write
다음 그림과 우리말에 맞게 알맞은 단어를 골라 문장을 완성하세요.

[three   five   one   four   two]

1. 나는 책 네 권을 가지고 있어.
   → I have **four** books.
2. 나는 책 두 권을 가지고 있어.
   → I have **two** books.
3. 나는 책 세 권을 가지고 있어.
   → I have **three** books.

C Write & Speak
다음 우리말에 맞게 카드를 배열한 후, 완성된 문장을 큰 소리로 읽으세요.

1. 나는 책 한 권을 가지고 있어.
   [I] [have] [book] [one] [.]
   → I have one book.
2. 나는 책 다섯 권을 가지고 있어.
   [have] [five] [I] [books] [.]
   → I have five books.

20쪽 / 21쪽

05

24쪽
25쪽

배운 단어를 확인해요!

six 6, 여섯
seven 7, 일곱
★ **eight** 8, 여덟
nine 9, 아홉
ten 10, 열

★ 단어 중간에 gh가 오는 경우 gh는 따로 발음하지 않는다.

A Choose & Circle
다음 색으로 된 단어에 알맞은 우리말 뜻을 골라 동그라미 하세요.

1 I am seven years old.
[아이 앰 쎄븐 이어rz 오울드]
나는 [열 / **일곱**] 살이야.

2 I am six years old.
[아이 앰 씩스 이어rz 오울드]
나는 [**여섯** / 여덟] 살이야.

3 I am nine years old.
[아이 앰 나인 이어rz 오울드]
나는 [**아홉** / 일곱] 살이야.

4 I am eight years old.
[아이 앰 에이트 이어rz 오울드]
나는 [**여덟** / 아홉] 살이야.

5 I am ten years old.
[아이 앰 텐 이어rz 오울드]
나는 [여섯 / **열**] 살이야.

★ A: How old are you?(너는 몇 살이니?)
B: I am six years old.(나는 여섯 살이야.)

배운 단어로 문장을 이해해요!

> '나는 ~(몇) 살이야.'라고 자신의 나이를 말할 때는 <I am + 숫자를 나타내는 단어 + years old.>로 표현해요. (I am six years old. 나는 여섯 살이야.)
★ > 이 표현은 나이를 물어보는 How old are you?(너는 몇 살이니?)에 대한 대답으로 쓰여요.

B Choose & Write
다음 그림에 맞게 알맞은 단어를 골라 문장을 완성하세요.

| six | nine | seven | ten | eight |

1 → I am eight years old.
2 → I am nine years old.
3 → I am six years old.

C Write & Speak
다음 우리말에 맞게 카드를 배열한 후, 완성된 문장을 큰 소리로 읽으세요.

1 나는 열 살이야.
| ten | old | years | . |
→ I am ten years old.

2 나는 일곱 살이야.
| years | I | seven | old | am | . |
→ I am seven years old.

Review
01 - 05

26쪽
27쪽

A 다음 단어에 알맞은 우리말 뜻을 찾아 쓰세요.

우산　아홉　흰색　사자
셋　곰　시계　갈색

1 three　셋
2 clock　시계
3 bear　곰
4 white　흰색
5 umbrella　우산
6 nine　아홉
7 brown　갈색
8 lion　사자

B 다음 우리말에 맞게 빈칸에 알맞은 단어를 찾아 쓰세요.

| one | bag | six | pink | monkey |

1 나는 여섯 살이야. I am **six** years old.
2 이것은 가방이야. This is a **bag**.
3 원숭이는 몇 마리 있니? How many **monkey**s?
4 그것은 분홍색 공이야. It's a **pink** ball.
5 나는 책 한 권을 가지고 있어. I have **one** book.

C Let's Play
다음 그림에 맞게 알맞은 단어로 빈칸을 채워 퍼즐을 완성하세요.

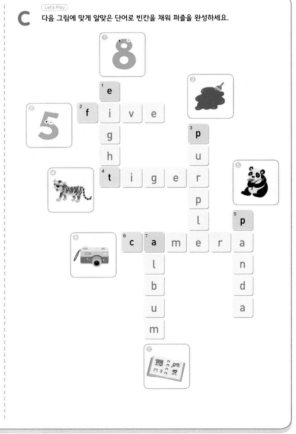

112

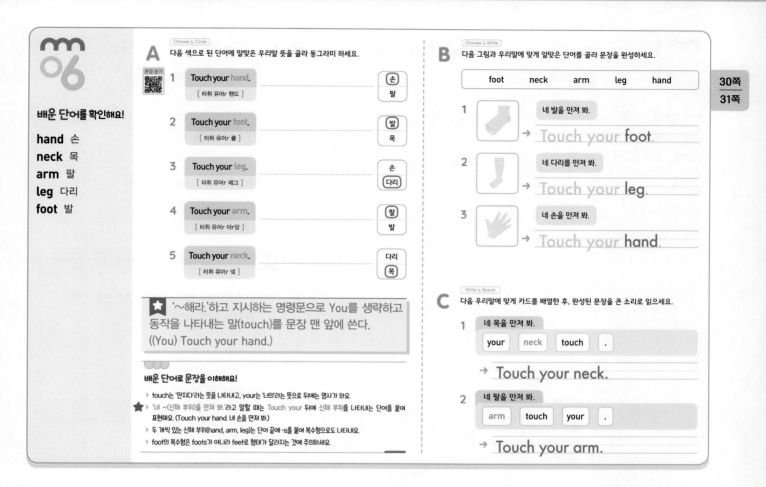

06

배운 단어를 확인해요!

hand 손
neck 목
arm 팔
leg 다리
foot 발

A Choose & Circle
다음 색으로 된 단어에 알맞은 우리말 뜻을 골라 동그라미 하세요.

1 Touch your hand.
[터취 유어r 핸드]
→ 손 / 팔

2 Touch your foot.
[터취 유어r 풋]
→ 발 / 목

3 Touch your leg.
[터취 유어r 레그]
→ 손 / 다리

4 Touch your arm.
[터취 유어r 아암]
→ 팔 / 발

5 Touch your neck.
[터취 유어r 넥]
→ 다리 / 목

★ '~해라.'하고 지시하는 명령문으로 You를 생략하고 동작을 나타내는 말(touch)를 문장 맨 앞에 쓴다.
((You) Touch your hand.)

배운 단어로 문장을 이해해요!

› touch는 '만지다'라는 뜻을 나타내고, your는 '너의'라는 뜻으로 뒤에는 명사가 와요.
★ '네 ~(신체 부위)을 만져 봐.'라고 말할 때는 Touch your 뒤에 신체 부위를 나타내는 단어를 붙여 표현해요. (Touch your hand. 네 손을 만져 봐.)
› 두 개씩 있는 신체 부위(hand, arm, leg)는 단어 끝에 -s를 붙여 복수형으로도 나타내요.
› foot의 복수형은 foots가 아니라 feet로 형태가 달라지는 것에 주의하세요.

B Choose & Write
다음 그림과 우리말에 맞게 알맞은 단어를 골라 문장을 완성하세요.

| foot | neck | arm | leg | hand |

1 네 발을 만져 봐. → Touch your foot.

2 네 다리를 만져 봐. → Touch your leg.

3 네 손을 만져 봐. → Touch your hand.

C Write & Speak
다음 우리말에 맞게 카드를 배열한 후, 완성된 문장을 큰 소리로 읽으세요.

1 네 목을 만져 봐.
your / neck / touch / .
→ Touch your neck.

2 네 팔을 만져 봐.
arm / touch / your / .
→ Touch your arm.

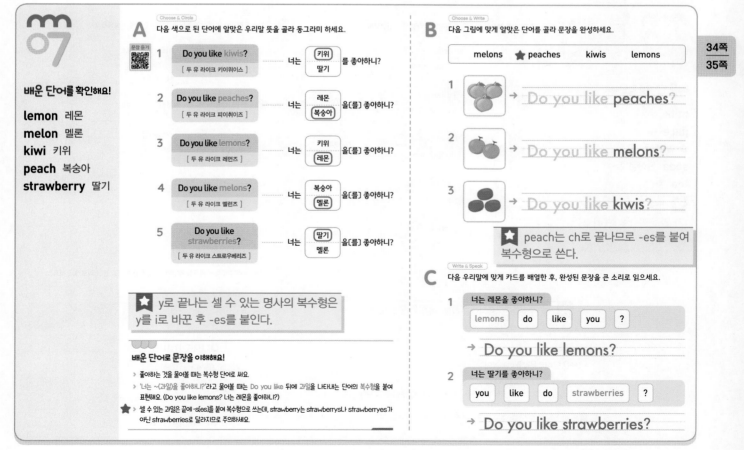

07

배운 단어를 확인해요!

lemon 레몬
melon 멜론
kiwi 키위
peach 복숭아
strawberry 딸기

A Choose & Circle
다음 색으로 된 단어에 알맞은 우리말 뜻을 골라 동그라미 하세요.

1 Do you like kiwis?
[두 유 라이크 키이위스]
너는 키위 / 딸기 를 좋아하니?

2 Do you like peaches?
[두 유 라이크 피이취즈]
너는 레몬 / 복숭아 을[를] 좋아하니?

3 Do you like lemons?
[두 유 라이크 레먼즈]
너는 키위 / 레몬 을[를] 좋아하니?

4 Do you like melons?
[두 유 라이크 멜런즈]
너는 복숭아 / 멜론 을[를] 좋아하니?

5 Do you like strawberries?
[두 유 라이크 스트로우베리즈]
너는 딸기 / 멜론 을[를] 좋아하니?

★ y로 끝나는 셀 수 있는 명사의 복수형은 y를 i로 바꾼 후 -es를 붙인다.

배운 단어로 문장을 이해해요!

› 좋아하는 것을 물어볼 때는 복수형 단어로 써요.
› '너는 ~(과일)을 좋아하니?'라고 물어볼 때는 Do you like 뒤에 과일을 나타내는 단어의 복수형을 붙여 표현해요. (Do you like lemons? 너는 레몬을 좋아하니?)
★ 셀 수 있는 과일은 끝에 -s(es)를 붙여 복수형으로 쓰는데, strawberry는 strawberrys나 strawberryes가 아닌 strawberries로 달라지므로 주의하세요.

B Choose & Write
다음 그림에 맞게 알맞은 단어를 골라 문장을 완성하세요.

| melons | ★ peaches | kiwis | lemons |

1 → Do you like peaches?

2 → Do you like melons?

3 → Do you like kiwis?

★ peach는 ch로 끝나므로 -es를 붙여 복수형으로 쓴다.

C Write & Speak
다음 우리말에 맞게 카드를 배열한 후, 완성된 문장을 큰 소리로 읽으세요.

1 너는 레몬을 좋아하니?
lemons / do / like / you / ?
→ Do you like lemons?

2 너는 딸기를 좋아하니?
you / like / do / strawberries / ?
→ Do you like strawberries?

08

배운 단어를 확인해요!

dance 춤추다
jump 점프하다
dive 다이빙하다
fly 날다
drive 운전하다

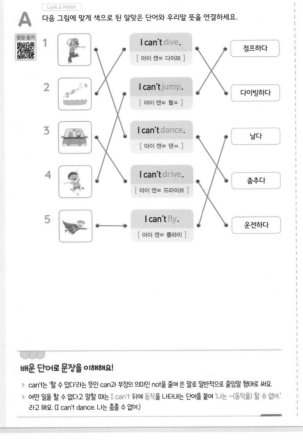

A Look & Match

다음 그림에 맞게 색으로 된 알맞은 단어와 우리말 뜻을 연결하세요.

1 I can't dive. [아이 캔트 다이브]
2 I can't jump. [아이 캔트 점프]
3 I can't dance. [아이 캔트 댄쓰]
4 I can't drive. [아이 캔트 드라이브]
5 I can't fly. [아이 캔트 플라이]

점프하다
다이빙하다
날다
춤추다
운전하다

배운 단어로 문장을 이해해요!

> can't는 '할 수 있다'라는 뜻인 can과 부정의 의미인 not을 줄여 쓴 말로 일반적으로 줄임말 형태로 써요.
> 어떤 일을 할 수 없다고 말할 때는 I can't 뒤에 동작을 나타내는 단어를 붙여 '나는 ~(동작을) 할 수 없어.' 라고 해요. (I can't dance. 나는 춤출 수 없어.)

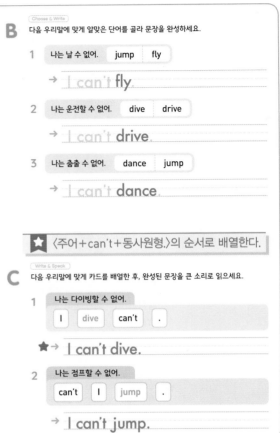

B Choose & Write

다음 우리말에 맞게 알맞은 단어를 골라 문장을 완성하세요.

1 나는 날 수 없어. jump fly
→ I can't **fly**.

2 나는 운전할 수 없어. dive drive
→ I can't **drive**.

3 나는 춤출 수 없어. dance jump
→ I can't **dance**.

⭐ 〈주어+can't+동사원형.〉의 순서로 배열한다.

C Write & Speak

다음 우리말에 맞게 카드를 배열한 후, 완성된 문장을 큰 소리로 읽으세요.

1 나는 다이빙할 수 없어.
 I dive can't .
★→ I can't dive.

2 나는 점프할 수 없어.
 can't I jump .
→ I can't jump.

09

배운 단어를 확인해요!

milk 우유
juice 주스
⭐ water 물
soda 탄산음료
tea 차

⭐ 모음과 모음 사이에 t가 있을 때 t[ㅌ]는 r[ㄹ] 발음이 난다.

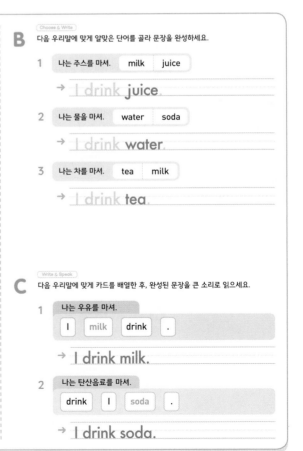

A Look & Match

다음 그림에 맞게 색으로 된 알맞은 단어와 우리말 뜻을 연결하세요.

1 I drink soda. [아이 드링크 쏘우다]
2 I drink juice. [아이 드링크 주우스]
3 I drink water. [아이 드링크 워어러r]
4 I drink milk. [아이 드링크 밀ㅋ]
5 I drink tea. [아이 드링크 티이]

물
주스
탄산음료
차
우유

⭐ 셀 수 없는 명사(음료)는 복수형으로도 쓸 수 없다. (mliks (×))

배운 단어로 문장을 이해해요!

> drink는 '마시다'라는 뜻을 나타내요.
> '나는 ~(음료)을 마셔.'라고 말할 때는 I drink 뒤에 음료를 나타내는 단어를 붙여 표현해요. (I drink milk. 나는 우유를 마셔.)
⭐ > 음료는 일정한 형태가 없는 물질로 셀 수 없으므로 단어 앞에 a[an]를 쓰지 않아요.

B Choose & Write

다음 우리말에 맞게 알맞은 단어를 골라 문장을 완성하세요.

1 나는 주스를 마셔. milk juice
→ I drink **juice**.

2 나는 물을 마셔. water soda
→ I drink **water**.

3 나는 차를 마셔. tea milk
→ I drink **tea**.

C Write & Speak

다음 우리말에 맞게 카드를 배열한 후, 완성된 문장을 큰 소리로 읽으세요.

1 나는 우유를 마셔.
 I milk drink .
→ I drink milk.

2 나는 탄산음료를 마셔.
 drink I soda .
→ I drink soda.

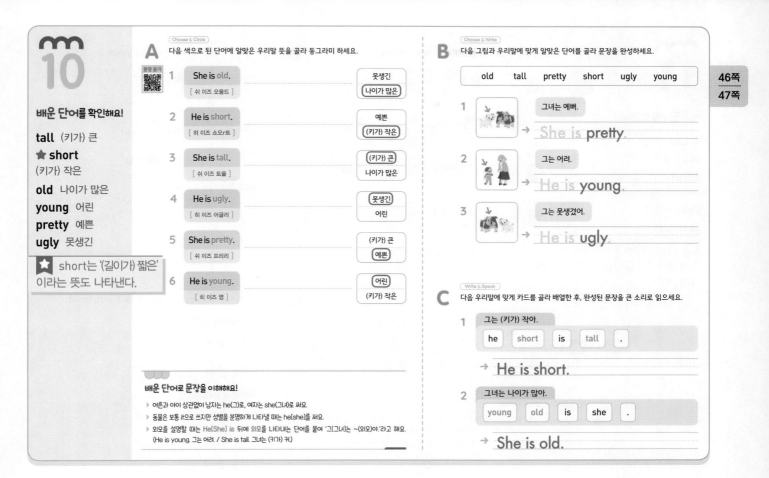

10

46쪽
47쪽

배운 단어를 확인해요!

tall (키가) 큰

★ **short**
(키가) 작은

old 나이가 많은

young 어린

pretty 예쁜

ugly 못생긴

★ short는 '(길이가) 짧은'
이라는 뜻도 나타낸다.

A Choose & Circle
다음 색으로 된 단어에 알맞은 우리말 뜻을 골라 동그라미 하세요.

1 She is old.
[쉬 이즈 오울드]
못생긴 / (나이가 많은)

2 He is short.
[히 이즈 쇼오r트]
예쁜 / (키가) 작은

3 She is tall.
[쉬 이즈 토올]
(키가) 큰 / 나이가 많은

4 He is ugly.
[히 이즈 어글리]
(못생긴) / 어린

5 She is pretty.
[쉬 이즈 프리리]
(키가) 큰 / (예쁜)

6 He is young.
[히 이즈 영]
(어린) / (키가) 작은

배운 단어로 문장을 이해해요!
▶ 어른과 아이 상관없이 남자는 he(그)로, 여자는 she(그녀)로 써요.
▶ 동물은 보통 it으로 쓰지만 성별을 분명하게 나타낼 때는 he[she]를 써요.
▶ 외모를 설명할 때는 He[She] is 뒤에 외모를 나타내는 단어를 붙여 '그[그녀]야 ~(외모)야.'라고 해요.
(He is young. 그는 어려. / She is tall. 그녀는 (키가) 커.)

B Choose & Write
다음 그림과 우리말에 맞게 알맞은 단어를 골라 문장을 완성하세요.

| old | tall | pretty | short | ugly | young |

1 그녀는 예뻐.
→ She is **pretty**.

2 그는 어려.
→ He is **young**.

3 그는 못생겼어.
→ He is **ugly**.

C Write & Speak
다음 우리말에 맞게 카드를 골라 배열한 후, 완성된 문장을 큰 소리로 읽으세요.

1 그는 (키가) 작아.
| he | short | is | tall | . |
→ He is short.

2 그녀는 나이가 많아.
| young | old | is | she | . |
→ She is old.

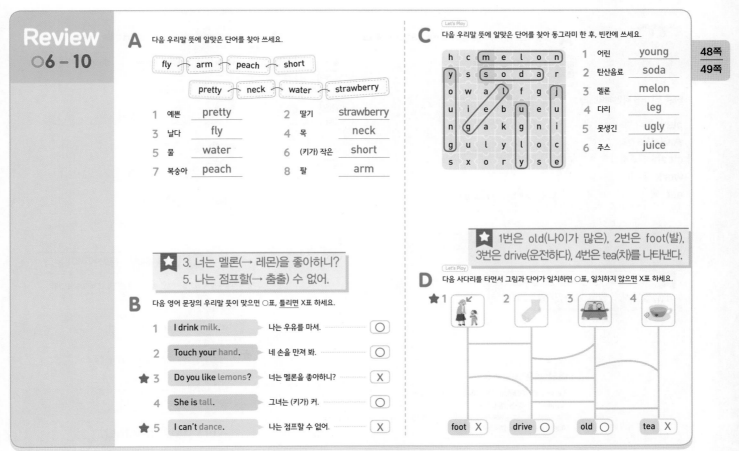

Review
○6 - 10

48쪽
49쪽

A 다음 우리말 뜻에 알맞은 단어를 찾아 쓰세요.

fly → arm → peach → short
pretty → neck → water → strawberry

1 예쁜 **pretty**
2 딸기 **strawberry**
3 날다 **fly**
4 목 **neck**
5 물 **water**
6 (키가) 작은 **short**
7 복숭아 **peach**
8 팔 **arm**

★ 3. 너는 멜론(→ 레몬)을 좋아하니?
5. 나는 점프할(→ 춤출) 수 없어.

B 다음 영어 문장의 우리말 뜻이 맞으면 ○표, 틀리면 X표 하세요.

1 I drink milk. 나는 우유를 마셔. ○
2 Touch your hand. 네 손을 만져 봐. ○
★ 3 Do you like lemons? 너는 멜론을 좋아하니? X
4 She is tall. 그녀는 (키가) 커. ○
★ 5 I can't dance. 나는 점프할 수 없어. X

C Let's Play
다음 우리말 뜻에 알맞은 단어를 찾아 동그라미 한 후, 빈칸에 쓰세요.

h	c	m	e	l	o	n
y	s	s	o	d	a	r
o	w	a	l	f	g	j
u	i	e	b	u	e	u
n	g	a	k	g	n	i
g	u	l	y	l	o	c
s	x	o	r	y	s	e

1 어린 **young**
2 탄산음료 **soda**
3 멜론 **melon**
4 다리 **leg**
5 못생긴 **ugly**
6 주스 **juice**

★ 1번은 old(나이가 많은), 2번은 foot(발),
3번은 drive(운전하다), 4번은 tea(차)를 나타낸다.

D Let's Play
다음 사다리를 타면서 그림과 단어가 일치하면 ○표, 일치하지 않으면 X표 하세요.

★1 2 3 4

foot X   drive ○   old ○   tea X

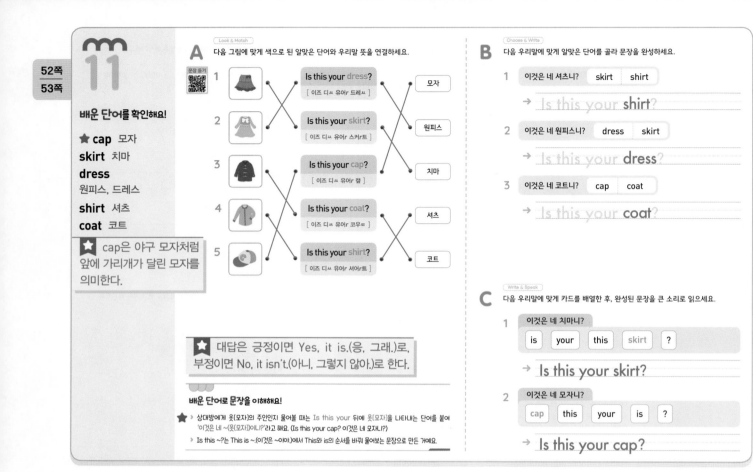

11

배운 단어를 확인해요!

★ **cap** 모자

skirt 치마

dress
원피스, 드레스

shirt 셔츠

coat 코트

★ cap은 야구 모자처럼
앞에 가리개가 달린 모자를
의미한다.

A Look & Match
다음 그림에 맞게 색으로 된 알맞은 단어와 우리말 뜻을 연결하세요.

1 Is this your dress?
[이즈 디쓰 유어r 드레쓰]

2 Is this your skirt?
[이즈 디쓰 유어r 스커r트]

3 Is this your cap?
[이즈 디쓰 유어r 캡]

4 Is this your coat?
[이즈 디쓰 유어r 코우트]

5 Is this your shirt?
[이즈 디쓰 유어r 셔어r트]

모자
원피스
치마
셔츠
코트

★ 대답은 긍정이면 Yes, it is.(응, 그래.)로,
부정이면 No, it isn't.(아니, 그렇지 않아.)로 한다.

배운 단어로 문장을 이해해요!

★ ▶ 상대방에게 옷[모자]의 주인인지 물어볼 때는 Is this your 뒤에 옷[모자]을 나타내는 단어를 붙여
'이것은 네 ~(옷[모자])이니?'라고 해요. (Is this your cap? 이것은 네 모자니?)
▶ Is this ~?는 This is ~.(이것은 ~이야.)에서 This와 is의 순서를 바꿔 물어보는 문장으로 만든 거예요.

B Choose & Write
다음 우리말에 맞게 알맞은 단어를 골라 문장을 완성하세요.

1 이것은 네 셔츠니? skirt shirt
→ Is this your shirt?

2 이것은 네 원피스니? dress skirt
→ Is this your dress?

3 이것은 네 코트니? cap coat
→ Is this your coat?

C Write & Speak
다음 우리말에 맞게 카드를 배열한 후, 완성된 문장을 큰 소리로 읽으세요.

1 이것은 네 치마니?
is your this skirt ?
→ Is this your skirt?

2 이것은 네 모자니?
cap this your is ?
→ Is this your cap?

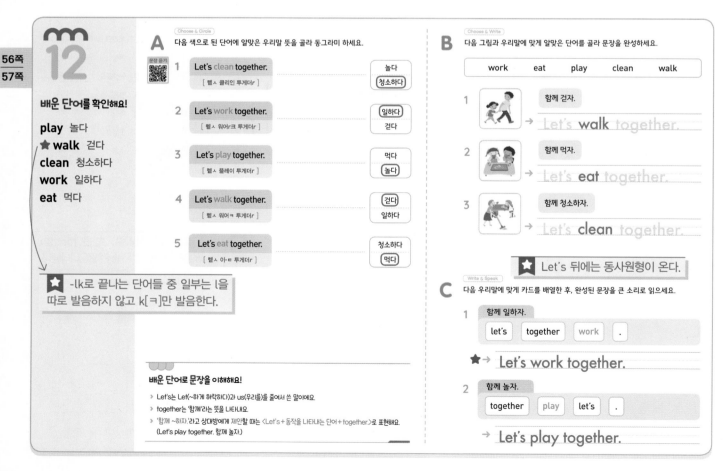

12

배운 단어를 확인해요!

play 놀다

★ **walk** 걷다

clean 청소하다

work 일하다

eat 먹다

★ -lk로 끝나는 단어들 중 일부는 l을
따로 발음하지 않고 k[ㅋ]만 발음한다.

A Choose & Circle
다음 색으로 된 단어에 알맞은 우리말 뜻을 골라 동그라미 하세요.

1 Let's clean together.
[렛스 클리닝 투게더r]
놀다 / 청소하다

2 Let's work together.
[렛스 워어rㅋ 투게더r]
일하다 / 걷다

3 Let's play together.
[렛스 플레이 투게더r]
먹다 / 놀다

4 Let's walk together.
[렛스 워어rㅋ 투게더r]
걷다 / 일하다

5 Let's eat together.
[렛스 이-ㅌ 투게더r]
청소하다 / 먹다

배운 단어로 문장을 이해해요!

▶ Let's는 Let(~하게 허락하다)과 us(우리를)를 줄여서 쓴 말이에요.
▶ together는 '함께'라는 뜻을 나타내요.
▶ '함께 ~하자.'라고 상대방에게 제안할 때는 <Let's+동작을 나타내는 단어+together.>로 표현해요.
(Let's play together. 함께 놀자.)

B Choose & Write
다음 그림과 우리말에 맞게 알맞은 단어를 골라 문장을 완성하세요.

work eat play clean walk

1 함께 걷자.
→ Let's walk together.

2 함께 먹자.
→ Let's eat together.

3 함께 청소하자.
→ Let's clean together.

★ Let's 뒤에는 동사원형이 온다.

C Write & Speak
다음 우리말에 맞게 카드를 배열한 후, 완성된 문장을 큰 소리로 읽으세요.

1 함께 일하자.
let's together work .
★→ Let's work together.

2 함께 놀자.
together play let's .
→ Let's play together.

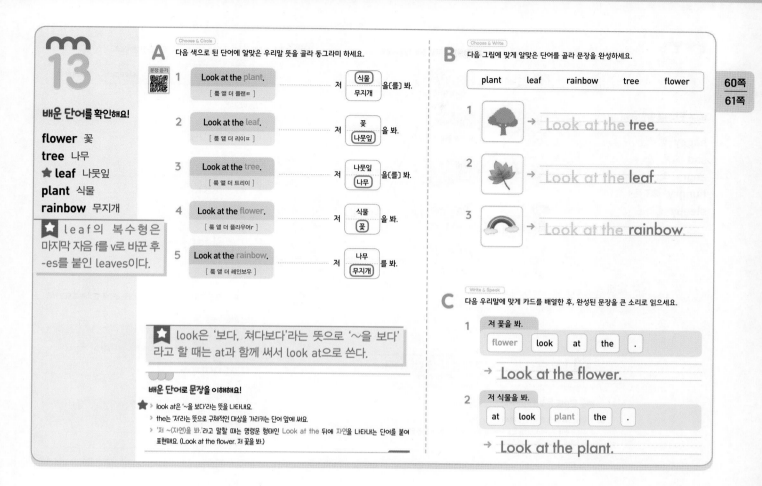

13

배운 단어를 확인해요!

flower 꽃
tree 나무
★ leaf 나뭇잎
plant 식물
rainbow 무지개

★ leaf의 복수형은 마지막 자음 f를 v로 바꾼 후 -es를 붙인 leaves이다.

A (Choose & Circle) 다음 색으로 된 단어에 알맞은 우리말 뜻을 골라 동그라미 하세요.

1 Look at the plant.
[룩 앹 더 플랜ㅌ]
저 (식물 / 무지개) 을[를] 봐.

2 Look at the leaf.
[룩 앹 더 리이ㅍ]
저 (꽃 / 나뭇잎) 을 봐.

3 Look at the tree.
[룩 앹 더 트리이]
저 (나뭇잎 / 나무) 을[를] 봐.

4 Look at the flower.
[룩 앹 더 플라우어r]
저 (식물 / 꽃) 을 봐.

5 Look at the rainbow.
[룩 앹 더 레인보우]
저 (나무 / 무지개) 를 봐.

★ look은 '보다, 쳐다보다'라는 뜻으로 '~을 보다'라고 할 때는 at과 함께 써서 look at으로 쓴다.

배운 단어로 문장을 이해해요!

★ look at은 '~을 보다'라는 뜻을 나타내요.
▸ the는 '저'라는 뜻으로 구체적인 대상을 가리키는 단어 앞에 써요.
▸ '저 ~(자연)을 봐.'라고 말할 때는 명령문 형태인 Look at the 뒤에 자연을 나타내는 단어를 붙여 표현해요. (Look at the flower. 저 꽃을 봐.)

B (Choose & Write) 다음 그림에 맞게 알맞은 단어를 골라 문장을 완성하세요.

| plant | leaf | rainbow | tree | flower |

60쪽 / 61쪽

1 → Look at the **tree**.

2 → Look at the **leaf**.

3 → Look at the **rainbow**.

C (Write & Speak) 다음 우리말에 맞게 카드를 배열한 후, 완성된 문장을 큰 소리로 읽으세요.

1 저 꽃을 봐.
[flower] [look] [at] [the] [.]
→ Look at the flower.

2 저 식물을 봐.
[at] [look] [plant] [the] [.]
→ Look at the plant.

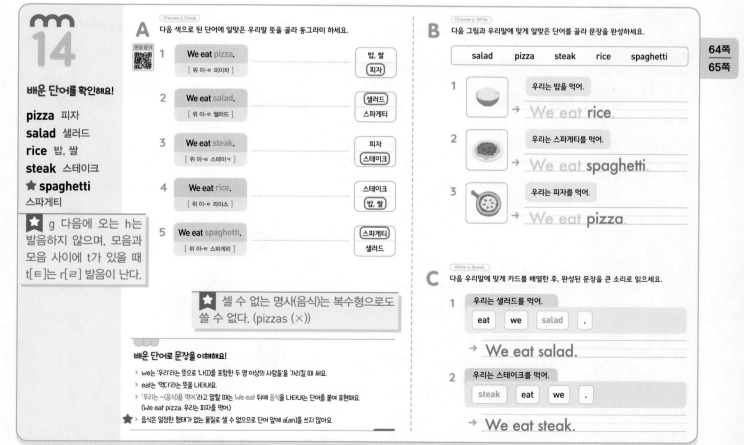

14

배운 단어를 확인해요!

pizza 피자
salad 샐러드
rice 밥, 쌀
steak 스테이크
★ spaghetti 스파게티

★ g 다음에 오는 h는 발음하지 않으며, 모음과 모음 사이에 t가 있을 때 t[ㅌ]는 r[ㄹ] 발음이 난다.

A (Choose & Circle) 다음 색으로 된 단어에 알맞은 우리말 뜻을 골라 동그라미 하세요.

1 We eat pizza.
[위 이-ㅌ 피이차]
(밥, 쌀 / 피자)

2 We eat salad.
[위 이-ㅌ 쌜러드]
(샐러드 / 스파게티)

3 We eat steak.
[위 이-ㅌ 스테이크]
(피자 / 스테이크)

4 We eat rice.
[위 이-ㅌ 라이스]
(스테이크 / 밥, 쌀)

5 We eat spaghetti.
[위 이-ㅌ 스파게리]
(스파게티 / 샐러드)

★ 셀 수 없는 명사(음식)는 복수형으로도 쓸 수 없다. (pizzas (×))

배운 단어로 문장을 이해해요!

▸ we는 '우리'라는 뜻으로 'I(나)'를 포함한 두 명 이상의 사람들을 가리킬 때 써요.
▸ eat는 '먹다'라는 뜻을 나타내요.
▸ '우리는 ~(음식)을 먹어.'라고 말할 때는 We eat 뒤에 음식을 나타내는 단어를 붙여 표현해요. (We eat pizza. 우리는 피자를 먹어.)
★ 음식은 일정한 형태가 없는 물질로 셀 수 없으므로 단어 앞에 a(an)를 쓰지 않아요.

B (Choose & Write) 다음 그림과 우리말에 맞게 알맞은 단어를 골라 문장을 완성하세요.

| salad | pizza | steak | rice | spaghetti |

64쪽 / 65쪽

1 우리는 밥을 먹어.
→ We eat **rice**.

2 우리는 스파게티를 먹어.
→ We eat **spaghetti**.

3 우리는 피자를 먹어.
→ We eat **pizza**.

C (Write & Speak) 다음 우리말에 맞게 카드를 배열한 후, 완성된 문장을 큰 소리로 읽으세요.

1 우리는 샐러드를 먹어.
[eat] [we] [salad] [.]
→ We eat salad.

2 우리는 스테이크를 먹어.
[steak] [eat] [we] [.]
→ We eat steak.

15

배운 단어를 확인해요!

happy 행복한
sad 슬픈
angry 화난
hungry 배고픈
sleepy 졸리운

A Look & Match
다음 그림에 맞게 색으로 된 알맞은 단어와 우리말 뜻을 연결하세요.

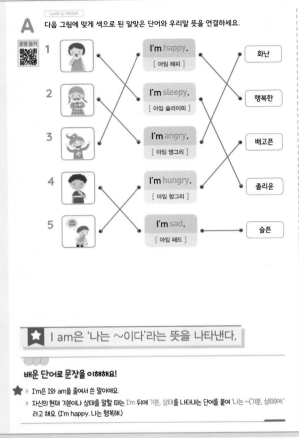

1 I'm happy. [아임 해피] — 화난
2 I'm sleepy. [아임 슬리피] — 행복한
3 I'm angry. [아임 앵그리] — 배고픈
4 I'm hungry. [아임 헝그리] — 졸리운
5 I'm sad. [아임 쌔드] — 슬픈

★ I am은 '나는 ~이다'라는 뜻을 나타낸다.

배운 단어로 문장을 이해해요!

★ ▶ I'm은 I와 am을 줄여서 쓴 말이에요.
▶ 자신의 현재 기분이나 상태를 말할 때는 I'm 뒤에 기분, 상태를 나타내는 단어를 붙여 '나는 ~(기분, 상태)야.'
라고 해요. (I'm happy. 나는 행복해.)

B Choose & Write
다음 우리말에 맞게 알맞은 단어를 골라 문장을 완성하세요.

| angry | hungry | sad | sleepy | happy |

1 나는 배고파.
→ I'm hungry.

2 나는 슬퍼.
→ I'm sad.

3 나는 졸려.
→ I'm sleepy.

C Write & Speak
다음 우리말에 맞게 알맞은 카드를 골라 배열한 후, 완성된 문장을 큰 소리로 읽으세요.

1 나는 행복해.
I'm | sad | happy | .
→ I'm happy.

2 나는 화났어.
angry | I'm | sleepy | .
→ I'm angry.

Review 11 – 15

A
다음 우리말 뜻에 알맞은 단어를 찾아 동그라미 한 후, 빈칸에 쓰세요.

m h u n g r y v i t r e e a x w a l k s o r i c e h
d d r e s s w q s a d f r a i n b o w p w o r k

1 배고픈 hungry
2 나무 tree
3 걷다 walk
4 밥, 쌀 rice
5 원피스 dress
6 슬픈 sad
7 무지개 rainbow
8 일하다 work

B
다음 영어 문장에 맞게 빈칸에 알맞은 우리말 뜻을 쓰세요.

1 We eat pizza. 우리는 **피자** 를 먹어.
2 Look at the flower. 저 **꽃** 을 봐.
3 I'm happy. 나는 **행복해** .
4 Is this your cap? 이것은 네 **모자** 니?
5 Let's play together. 함께 **놀자** .

C Let's Play
다음 그림에 맞게 알맞은 단어로 빈칸을 채워 퍼즐을 완성하세요.

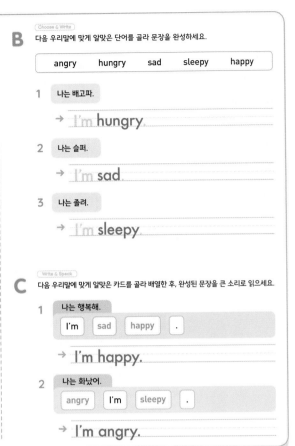
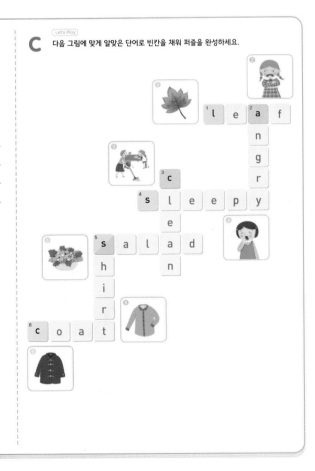

¹l e a f
  n
  g
  r
³c ⁴s l e e p y
   e
⁵s a l a d
 h   n
 i
 r
⁶c o a t

16

74쪽
75쪽

배운 단어를 확인해요!

warm 따뜻한
hot 더운
cool 시원한
cold 추운

A (Choose & Circle)
다음 색으로 된 단어에 알맞은 우리말 뜻을 골라 동그라미 하세요.

1 It's hot.
[잇ㅅ 하아트] — 시원한 / **더운**

2 It's warm.
[잇ㅅ 워r엄] — **따뜻한** / 추운

3 It's cold.
[잇ㅅ 코올드] — 더운 / **추운**

4 It's cool.
[잇ㅅ 쿠울] — **시원한** / 따뜻한

⭐ A: How is the weather?(날씨가 어때?)
B: It's warm.(따뜻해.)

배운 단어로 문장을 이해해요!

▶ It's는 It과 is를 줄여 쓴 말이에요.
▶ 날씨를 말할 때는 It's 뒤에 날씨를 나타내는 단어를 붙여 '(날씨가) ~해.'라고 해요. (It's warm. 따뜻해.)
▶ 여기서 it은 아무런 의미가 없는 단어이므로 '그것이라고 해석하지 않아요.
⭐ 이 표현은 날씨를 물어보는 How is the weather?(날씨가 어때?)에 대한 대답으로 쓰여요.

B (Choose & Write)
다음 그림과 우리말에 맞게 알맞은 단어를 골라 문장을 완성하세요.

| hot | cold | warm | cool |

1 추워. → It's cold.

2 시원해. → It's cool.

3 더워. → It's hot.

C (Write & Speak)
다음 우리말에 맞게 알맞은 카드를 골라 배열한 후, 완성된 문장을 큰 소리로 읽으세요.

1 따뜻해.
[it's] [hot] [warm] [.]
→ It's warm.

2 추워.
[cool] [cold] [it's] [.]
→ It's cold.

17

78쪽
79쪽

배운 단어를 확인해요!

doctor 의사
nurse 간호사
⭐ **cook** 요리사
farmer 농부
pilot 조종사

⭐ cook은 동사로 '요리하다'라는 뜻을 나타낸다.

A (Choose & Circle)
다음 색으로 된 단어에 알맞은 우리말 뜻을 골라 동그라미 하세요.

1 He is a farmer.
[히 이즈 어 파아r머r] — 그는 간호사 / **농부** 야.

2 She is a cook.
[쉬 이즈 어 쿡] — 그녀는 의사 / **요리사** 야.

3 He is a pilot.
[히 이즈 어 파일럿] — 그는 **조종사** / 요리사 야.

4 He is a doctor.
[히 이즈 어 다악터r] — 그는 농부 / **의사** 야.

5 She is a nurse.
[쉬 이즈 어 너어r쓰] — 그녀는 **간호사** / 조종사 야.

배운 단어로 문장을 이해해요!

▶ 어른과 아이 상관없이 남자는 he(그)로, 여자는 she(그녀)로 써요.
▶ 직업을 말할 때는 He(She) is a 뒤에 직업을 나타내는 단어를 붙여 '그(그녀)는 ~(직업)이야.'라고 해요.
(He is a doctor. 그는 의사야. / She is a nurse. 그녀는 간호사야.)

B (Choose & Write)
다음 그림에 맞게 알맞은 단어를 골라 문장을 완성하세요.

| nurse | farmer | cook | pilot | doctor |

1 → He is a pilot.

2 → She is a nurse.

3 → He is a farmer.

C (Write & Speak)
다음 우리말에 맞게 카드를 배열한 후, 완성된 문장을 큰 소리로 읽으세요.

1 그녀는 요리사야.
[is] [she] [a] [cook] [.]
→ She is a cook.

2 그는 의사야.
[doctor] [a] [is] [he] [.]
→ He is a doctor.

18

배운 단어를 확인해요!

morning 아침
★ noon 정오
★ afternoon 오후
evening 저녁
night 밤

★ • noon은 '낮 12시'를 의미한다.
• '~ 다음에'의 뜻인 after와 '정오'의 뜻인 noon이 합쳐져서 '정오 다음'의 의미로 오후가 된다.

A [Look & Match]
다음 그림에 맞게 색으로 된 알맞은 단어와 우리말 뜻을 연결하세요.

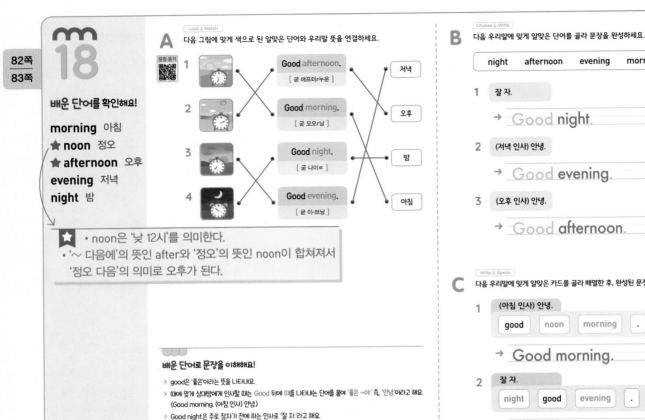

1 Good afternoon. [굳 애프터r누운] — 저녁
2 Good morning. [굳 모오r닝] — 오후
3 Good night. [굳 나이트] — 밤
4 Good evening. [굳 이브닝] — 아침

배운 단어로 문장을 이해해요!

▶ good은 '좋은'이라는 뜻을 나타내요.
▶ 때에 맞게 상대방에게 인사할 때는 Good 뒤에 때를 나타내는 단어를 붙여 '좋은 ~야.' 즉, '안녕.'이라고 해요. (Good morning. (아침 인사) 안녕.)
▶ Good night.은 주로 잠자기 전에 하는 인사로 '잘 자.'라고 해요.
▶ noon도 때를 나타내는 단어이지만 Good 뒤에 붙여서 인사하는 말로는 쓰이지 않아요.

B [Choose & Write]
다음 우리말에 맞게 알맞은 단어를 골라 문장을 완성하세요.

night	afternoon	evening	morning	noon

1 잘 자.
→ Good night.

2 (저녁 인사) 안녕.
→ Good evening.

3 (오후 인사) 안녕.
→ Good afternoon.

C [Write & Speak]
다음 우리말에 맞게 알맞은 카드를 골라 배열한 후, 완성된 문장을 큰 소리로 읽으세요.

1 (아침 인사) 안녕.
| good | noon | morning | . |
→ Good morning.

2 잘 자.
| night | good | evening | . |
→ Good night.

19

배운 단어를 확인해요!

door 문
window 창문
open 열다
close 닫다
push 밀다
pull 당기다

A [Choose & Circle]
다음 색으로 된 단어에 알맞은 우리말 뜻을 골라 동그라미 하세요.

1 Open the door, please. [오우픈 더 도어r 플리즈] — 문 / 창문
2 Close the door, please. [클로우즈 더 도어r 플리즈] — 닫다 / 밀다
3 Open the window, please. [오우픈 더 윈도우 플리즈] — 열다 / 닫다
4 Close the window, please. [클로우즈 더 윈도우 플리즈] — 창문 / 문
5 Pull the door, please. [풀 더 도어r 플리즈] — 열다 / 당기다
6 Push the door, please. [푸쉬 더 도어r 플리즈] — 밀다 / 당기다

배운 단어로 문장을 이해해요!

▶ '~해 주세요.'라고 상대방에게 공손하게 지시할 때는 〈명령문＋, please.〉로 표현해요.
▶ 지시하는 말인 Open the door 뒤에 ,(콤마) please를 붙여 Open the door, please.가 되면 '문을 열어'가 아니라 '문을 열어주세요.'라는 공손한 표현이 돼요.

B [Choose & Write]
다음 그림과 우리말에 맞게 알맞은 단어를 골라 문장을 완성하세요.

open	pull	close	push

★1 문을 당겨주세요.
→ Pull the door, please.

2 문을 열어주세요.
→ Open the door, please.

3 문을 밀어주세요.
→ Push the door, please.

★ 상대방에게 공손하게 지시하는 문장으로 첫 글자는 대문자로 쓴다.

C [Write & Speak]
다음 우리말에 맞게 카드를 배열한 후, 완성된 문장을 큰 소리로 읽으세요.

1 문을 닫아주세요.
| close | door | the | , | please | . |
→ Close the door, please.

2 창문을 열어주세요.
| open | please | the | window | , | . |
→ Open the window, please.

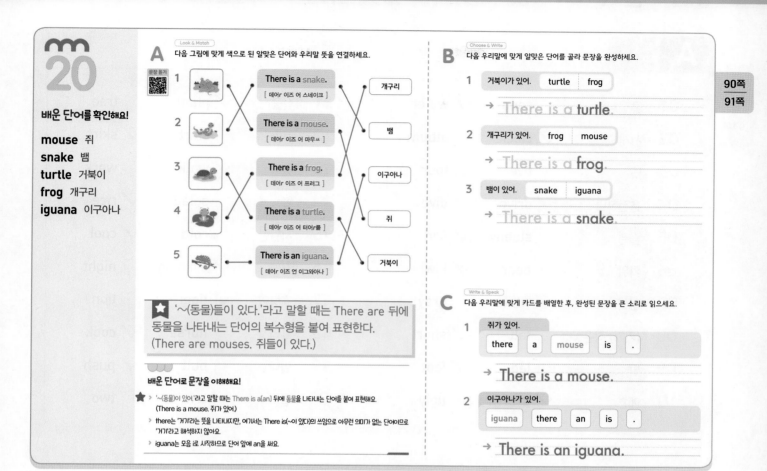

20

배운 단어를 확인해요!

mouse 쥐
snake 뱀
turtle 거북이
frog 개구리
iguana 이구아나

A Look & Match

다음 그림에 맞게 색으로 된 알맞은 단어와 우리말 뜻을 연결하세요.

1. There is a snake. [데어r 이즈 어 스네이크] — 개구리
2. There is a mouse. [데어r 이즈 어 마우ㅆ] — 뱀
3. There is a frog. [데어r 이즈 어 프러그] — 이구아나
4. There is a turtle. [데어r 이즈 어 터어r를] — 쥐
5. There is an iguana. [데어r 이즈 언 이그와아나] — 거북이

★ '~(동물)들이 있다.'라고 말할 때는 There are 뒤에 동물을 나타내는 단어의 복수형을 붙여 표현한다. (There are mouses. 쥐들이 있다.)

배운 단어로 문장을 이해해요!

★ ▶ '~(동물)이 있어.'라고 말할 때는 There is a[an] 뒤에 동물을 나타내는 단어를 붙여 표현해요.
(There is a mouse. 쥐가 있어.)
▶ there는 '거기라는 뜻을 나타내지만, 여기서는 There is(~이 있다)의 쓰임으로 아무런 의미가 없는 단어이므로 '거기라고 해석하지 않아요.
▶ iguana는 모음 i로 시작하므로 단어 앞에 an을 써요.

B Choose & Write

다음 우리말에 맞게 알맞은 단어를 골라 문장을 완성하세요.

1. 거북이가 있어. [turtle | frog]
→ There is a **turtle**.

2. 개구리가 있어. [frog | mouse]
→ There is a **frog**.

3. 뱀이 있어. [snake | iguana]
→ There is a **snake**.

C Write & Speak

다음 우리말에 맞게 카드를 배열한 후, 완성된 문장을 큰 소리로 읽으세요.

1. 쥐가 있어. [there] [a] [mouse] [is] [.]
→ There is a mouse.

2. 이구아나가 있어. [iguana] [there] [an] [is] [.]
→ There is an iguana.

90쪽
91쪽

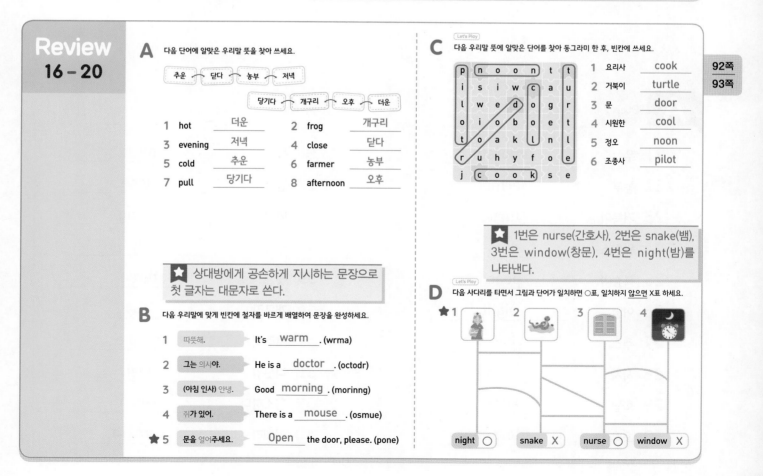

Review 16-20

A

다음 단어에 알맞은 우리말 뜻을 찾아 쓰세요.

추운 → 닫다 → 농부 → 저녁
당기다 → 개구리 → 오후 → 더운

1. hot — 더운
2. frog — 개구리
3. evening — 저녁
4. close — 닫다
5. cold — 추운
6. farmer — 농부
7. pull — 당기다
8. afternoon — 오후

★ 상대방에게 공손하게 지시하는 문장으로 첫 글자는 대문자로 쓴다.

B

다음 우리말에 맞게 빈칸에 철자를 바르게 배열하여 문장을 완성하세요.

1. 따뜻해. It's __warm__. (wrma)
2. 그는 의사야. He is a __doctor__. (octodr)
3. (아침 인사) 안녕. Good __morning__. (morinng)
4. 쥐가 있어. There is a __mouse__. (osmue)
★ 5. 문을 열어주세요. __Open__ the door, please. (pone)

C Let's Play

다음 우리말 뜻에 알맞은 단어를 찾아 동그라미 한 후, 빈칸에 쓰세요.

p	n	o	o	n	t	t
i	s	i	w	c	a	u
l	w	e	d	o	g	r
o	i	o	b	o	e	t
t	o	a	k	n	l	l
r	u	h	y	f	o	e
j	c	o	o	k	s	e

1. 요리사 — cook
2. 거북이 — turtle
3. 문 — door
4. 시원한 — cool
5. 정오 — noon
6. 조종사 — pilot

★ 1번은 nurse(간호사), 2번은 snake(뱀), 3번은 window(창문), 4번은 night(밤)를 나타낸다.

D Let's Play

다음 사다리를 타면서 그림과 단어가 일치하면 ○표, 일치하지 않으면 X표 하세요.

★ 1   2   3   4

night ○   snake X   nurse ○   window X

92쪽
93쪽

실력 Test

94쪽

A Step 1

01 물	☐ soda	✓ water	11 식물	✓ plant ☐ tree
02 시계	✓ clock	☐ album	12 치마	☐ shirt ✓ skirt
03 넷	☐ five	✓ four	13 걷다	✓ walk ☐ work
04 운전하다	✓ drive	☐ dive	14 밥	☐ salad ✓ rice
05 슬픈	☐ sleepy	✓ sad	15 시원한	☐ cold ✓ cool
06 키위	☐ pear	✓ kiwi	16 저녁	✓ evening ☐ night
07 흰색	✓ white	☐ gray	17 호랑이	✓ tiger ☐ lion
08 (키가) 작은	☐ tall	✓ short	18 요리사	☐ nurse ✓ cook
09 발	☐ leg	✓ foot	19 밀다	☐ pull ✓ push
10 예쁜	✓ pretty	☐ ugly	20 열	✓ ten ☐ two

A Step 2

94쪽

21 우산	umbrella		31 목	neck
22 농부	farmer		32 닫다	close
23 거북이	turtle		33 어린	young
24 원피스	dress		34 날다	fly
25 복숭아	peach		35 셋	three
26 여덟	eight		36 개구리	frog
27 주스	juice		37 보라색	purple
28 사자	lion		38 나뭇잎	leaf
29 화난	angry		39 청소하다	clean
30 오후	afternoon		40 카메라	camera

95쪽

01	arm	☐ 손	☑ 팔
02	hungry	☐ 졸리운	☑ 배고픈
03	brown	☐ 검은색	☑ 갈색
04	melon	☑ 멜론	☐ 레몬
05	jump	☐ 달리다	☑ 점프하다
06	noon	☑ 정오	☐ 오후
07	eat	☐ 마시다	☑ 먹다
08	snake	☐ 거북이	☑ 뱀
09	coat	☑ 코트	☐ 모자
10	seven	☐ 여덟	☑ 일곱

11	soda	☑ 탄산음료	☐ 우유
12	two	☐ 셋	☑ 둘
13	hot	☑ 더운	☐ 따뜻한
14	pilot	☑ 조종사	☐ 의사
15	panda	☐ 곰	☑ 판다
16	tea	☑ 차	☐ 주스
17	door	☑ 문	☐ 창문
18	leg	☐ 목	☑ 다리
19	nine	☐ 일곱	☑ 아홉
20	steak	☑ 스테이크	☐ 샐러드

95쪽

21	album	앨범
22	dive	다이빙하다
23	gray	회색
24	sleepy	졸리운
25	nurse	간호사
26	foot	발
27	iguana	이구아나
28	salad	샐러드
29	five	5, 다섯
30	shirt	셔츠

31	old	나이가 많은
32	night	밤
33	cold	추운
34	work	일하다
35	spaghetti	스파게티
36	pull	당기다
37	bear	곰
38	ugly	못생긴
39	rainbow	무지개
40	strawberry	딸기

96쪽

01	(아침 인사) 안녕.	Good _____morning_____ .
02	그녀는 (키가) 커.	She is _____tall_____ .
03	쥐가 있어.	There is a _____mouse_____ .
04	나는 행복해.	I'm _____happy_____ .
05	함께 놀자.	Let's _____play_____ together.
06	나는 춤출 수 없어.	I can't _____dance_____ .
07	그것은 분홍색 공이야.	It's _____pink_____ ball.
08	네 손을 만져봐.	Touch your _____hand_____ .
09	따뜻해.	It's _____warm_____ .
10	나는 책 한 권을 가지고 있어.	I have _____one_____ book.
★11	문을 열어주세요.	_____Open_____ the door, please.

 상대방에게 공손하게 지시하는 문장으로 첫 글자는 대문자로 쓴다.

96쪽

12	I drink milk.	나는 _____우유_____ 를 마셔.
13	He is a doctor.	그는 _____의사_____ 야.
14	I am six years old.	나는 _____여섯_____ 살이야.
15	Do you like lemons?	너는 _____레몬_____ 을 좋아하니?
16	We eat pizza.	우리는 _____피자_____ 를 먹어.
17	This is a bag.	이것은 _____가방_____ 이야.
18	Close the window, please.	_____창문_____ 을 닫아주세요.
19	How many monkeys?	_____원숭이_____ 는 몇 마리니?
20	Is this your cap?	이것은 네 _____모자_____ 니?
21	Look at the flower.	저 _____꽃_____ 을 봐.

완자

공부력

빠른 정답

초등 영어 영단어 **3B**

빠른 정답을 펼쳐 놓고,
정답을 확인하면 편리합니다.

정답
QR 코드

비상 교재 누리집에서
더 많은 정보를 확인해 보세요.
http://book.visang.com

01

8쪽
A 1 – This is a clock. – 시계 2 – This is a camera. – 카메라 3 – This is an album. – 앨범
4 – This is a bag. – 가방 5 – This is an umbrella. – 우산

9쪽
B 1 clock 2 umbrella 3 bag **C** 1 This is a camera. 2 This is an album.

02

12쪽
A 1 보라색 2 회색 3 갈색 4 흰색 5 분홍색

13쪽
B 1 brown 2 purple 3 gray **C** 1 It's a white ball. 2 It's a pink ball.

03

16쪽
A 1 – How many monkeys? – 원숭이 2 – How many lions? – 사자 3 – How many tigers? – 호랑이
4 – How many pandas? – 판다 5 – How many bears? – 곰

17쪽
B 1 pandas 2 monkeys 3 lions **C** 1 How many bears? 2 How many tigers?

04

20쪽
A 1 셋 2 둘 3 하나 4 다섯 5 넷

21쪽
B 1 four 2 two 3 three **C** 1 I have one book. 2 I have five books.

05

24쪽
A 1 일곱 2 여섯 3 아홉 4 여덟 5 열

25쪽
B 1 eight 2 nine 3 six **C** 1 ten years old. 2 I am seven years old.

R
01-05

26쪽
A 1 셋 2 시계 3 곰 4 흰색 5 우산 6 아홉 7 갈색 8 사자
B 1 six 2 bag 3 monkey 4 pink 5 one

27쪽
C 1 (e)igh(t) 2 (f)ive 3 (p)urple 4 (t)iger 5 (p)anda 6 (ca)mera 7 (a)lbum

06

30쪽
A 1 손 2 발 3 다리 4 팔 5 목

31쪽
B 1 foot 2 leg 3 hand **C** 1 Touch your neck. 2 Touch your arm.

07

34쪽
A 1 키위 2 복숭아 3 레몬 4 멜론 5 딸기

35쪽
C 1 peaches 2 melons 3 kiwis **C** 1 Do you like lemons? 2 Do you like strawberries?

08

38쪽
A 1 – I can't dance. – 춤추다 2 – I can't dive. – 다이빙하다 3 – I can't drive. – 운전하다
4 – I can't jump. – 점프하다 5 – I can't fly. – 날다

39쪽
B 1 fly 2 drive 3 dance **C** 1 I can't dive. 2 I can't jump.

09

42쪽
A 1 – I drink juice. – 주스 2 – I drink soda. – 탄산음료 3 – I drink tea. – 차 4 – I drink water. – 물
5 – I drink milk. – 우유

43쪽
B 1 juice 2 water 3 tea **C** 1 I drink milk. 2 I drink soda.

10

46쪽
A 1 나이가 많은 2 (키가) 작은 3 (키가) 큰 4 못생긴 5 예쁜 6 어린

47쪽
B 1 pretty 2 young 3 ugly **C** 1 He is short. 2 She is old.

R
06-10

48쪽
A 1 pretty 2 strawberry 3 fly 4 neck 5 water 6 short 7 peach 8 arm
B 1 ○ 2 ○ 3 × 4 ○ 5 ×

49쪽
C 1 young 2 soda 3 melon 4 leg 5 ugly 6 juice
D 1 – old(○) 2 – tea(×) 3 – drive(○) 4 – foot(×)

11

52쪽
A 1 – Is this your skirt? – 치마 2 – Is this your dress? – 원피스 3 – Is this your coat? – 코트
4 – Is this your shirt? – 셔츠 5 – Is this your cap? – 모자

53쪽
B 1 shirt 2 dress 3 coat **C** 1 Is this your skirt? 2 Is this your cap?

12

56쪽
A 1 청소하다 2 일하다 3 놀다 4 걷다 5 먹다

57쪽
B 1 walk 2 eat 3 clean **C** 1 Let's work together. 2 Let's play together.

완자 공부력 추천 커리큘럼

		1-2학년 권장				3-4학년 권장				5-6학년 권장			
쓰기력 Up	**맞춤법 바로 쓰기**	1A	1B	2A	2B								
어휘력 Up	**전과목 어휘**	1A	1B	2A	2B	3A	3B	4A	4B	5A	5B	6A	6B
	전과목 한자 어휘	1A	1B	2A	2B	3A	3B	4A	4B	5A	5B	6A	6B
	영어 어휘	파닉스			영단어								
		1		2		3A	3B	4A	4B	5A	5B	6A	6B
독해력 Up	**국어 독해**	1A	1B	2A	2B	3A	3B	4A	4B	5A	5B	6A	6B
	한국사 독해					인물편 1 2 3 4 (3-6학년 권장)							
						시대편 1 2 3 4 (3-6학년 권장)							
계산력 Up	**수학 계산**	1A	1B	2A	2B	3A	3B	4A	4B	5A	5B	6A	6B

완자·공부력·시리즈 매일 4쪽으로 스스로 공부하는 힘을 기릅니다.

비상교재 누리집에 방문해보세요

http://book.visang.com/
발간 이후에 발견되는 오류 비상교재 누리집 〉 학습자료실 〉 초등교재 〉 정오표
본 교재의 정답 비상교재 누리집 〉 학습자료실 〉 초등교재 〉 정답·해설

교재 설문에 참여해보세요

픽으면 선물이 와르르!
초 영어단어3B

QR 코드 스캔하기

의견 남기기

선물 받기!

ISBN 979-11-6940-045-9
60740

정가 9,000원

품질혁신코드 VS01QI23

항균필름 표지 적용도서
비상교육이 여러분의 건강을 위해 전문분석기관에서 인증받은
항균(99.9%) 필름을 본 교재 표지에 사용하였습니다.

KC마크는 이 제품이
공통안전기준에 적합
하였음을 의미합니다.

초등학교   반   번   이름

완자

공부력

교육부지정 초등필수 영단어 수록

책으로 하루 4쪽, 20일 완성
모바일앱으로 복습, 공부 현황 확인

영단어

×

초등 영어

4 B

3-4학년

visang

개발 이희민 안선주 박진영 송지연
저자 비상 초등 영어 집필진
디자인 신예원 조혜진 명수진

발행일 2022년 9월 1일
펴낸날 2022년 9월 1일
제조국 대한민국
펴낸곳 (주)비상교육
펴낸이 양태회
신고번호 제2002-000048호
출판사업총괄 최대찬
개발총괄 채진희
개발책임 구세나
디자인책임 김재훈
영업책임 이지웅
품질책임 석진안
마케팅책임 이은진
대표전화 1544-0554
주소 서울특별시 구로구 디지털로33길 48
　　　 대륭포스트타워 7차 20층

      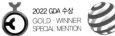